Julia Dibbern & Nicola Schmidt

wild world

*Wie Kinder
an der Welt wachsen
und Eltern
entspannt bleiben*

BELTZ

FSC
www.fsc.org
MIX
Papier aus verantwortungsvollen Quellen
FSC® C089473

Dieses Buch ist erhältlich als:
ISBN 978-3-407-86569-4 Print
ISBN 978-3-407-86570-0 E-Book

1. Auflage 2019

Layout: www. anjagrimmgestaltung.de
Umschlagabbildung: plainpicture/Cultura/JLHP
Schmetterling: suns07butterfly/shutterstock.com
Bildnachweis: S. 8: © plainpicture/Pat Meise; S. 28: © Evgenij Yulkin/stocksy.com; S. 36: © Rob and Julia Campbell/stocksy.com; S. 60: © Cindy Prins/stocksy.com; S. 84: © Westend61/gettyimages; S. 122: © plainpicture/Johner/Johan Willner; S. 164: © JLPH/gettyimages; S. 202: © plainpicture/Kathrin Brunnhofer; S. 228: © Dejan Ristovski/stocksy.com
Lektorat: Ulrike Ebenritter, Tarek Münch
Umschlaggestaltung: www.anjagrimmgestaltung.de (Gestaltung), www.stephanengelke.de (Beratung)
Satz: Publikations Atelier, Dreieich
Herstellung: Sonja Frank

Druck und Bindung: Beltz Bad Langensalza GmbH, Bad Langensalza
Printed in Germany

Weitere Informationen zu unseren Autor_innen finden Sie unter:
www.beltz.de

inhalt

BABY, BABY, IT'S A WILD WORLD

If you love somebody, set them free.

Richard Bach[1]

Blick zur Uhr, wo bleibt das Kind? Es sollte seit zehn Minuten zu Hause sein. Aber wer weiß, vielleicht ist der Bus verspätet. Schnell die Kartoffeln schon mal auf dem Blech verteilen, damit es dann schnell geht, in einer Stunde ist der Zahnarzttermin. Inzwischen ist das Kind siebzehn Minuten verspätet. Vor dem Fenster sind schon vor einer Ewigkeit zwei Kinder aus der gleichen Klasse vorbeigeschlendert ... Langsam hilft tiefes Atmen nicht mehr gegen die Nervosität. Wo zum Geier bleibt das Kind? Anruf bei der besten Freundin, keiner geht ans Telefon. Bis zum Zahnarzttermin wird's langsam knapp. Macht es Sinn, den Ofen jetzt schon anzuschalten? Anruf bei der Schule, nein, niemand ist länger geblieben, der Schulhof ist leer. Ist es albern, die Polizei anzurufen? Scheiß auf albern. »Machen Sie sich mal keine Sorgen«, sagt der Polizist beruhigend, »rufen Sie in drei Stunden wieder an, in der Regel klären sich diese Dinge.« Machen Sie sich keine Sorgen, ha! Der hat gut reden. Atmen. Atmenatmenatmen. Mit zittrigen Händen beim Krankenhaus anrufen, ob sie ein zehnjähriges Kind ...

Es klingelt an der Tür. Davor steht das Kind, nassgeregnet und vergnügt. »Ich hab den Bus verpasst«, sagt das Kind. »Da bin ich gelaufen. Und ich habe so eine süße Katze gesehen! Können wir nicht eine Katze haben?«

Machen wir uns nichts vor: Es ist nicht immer einfach, die Kinder, die wir über Jahre behütet, beschützt und betüddelt haben, auf einmal in diese Wildnis aus fremden Menschen, großen Straßenkreuzungen und engen Zeitplänen zu entlassen. Das liegt nicht daran, dass wir Glucken und Helikopter-Eltern sind. Wir sind einfach ... Eltern!

Wenn wir Eltern von Kindern zwischen sechs und zwölf fragen, was sie am meisten stresst, kommt eine Antwort so gut wie immer: Wie kriegen wir Anspruch und Wirklichkeit unter einen Hut?

Bevor wir in diesem Buch erklären, was man alles für tolle Sachen unternehmen kann, um Kinder gut in die Selbstständigkeit zu entlassen, möchten wir wieder sagen: keinen Stress. Stress ist immer schlecht. Wir machen das gut. Ihr macht das gut. Unsere Kinder machen das gut. Man kann sich eine Menge Sorgen machen und manche davon sind auch berechtigt, aber andere sind nicht notwendig. Und perfekt muss sowieso keiner sein.

Lieben heißt loslassen

Hat euch vorher jemand gesagt, dass die ganze Kindheit aus Abschiednehmen besteht?

Aus »Ich lasse dich los«? Aus Kompromissen und möglichen Fehlentscheidungen? Uns nicht. Wir dachten früher wirklich mal: Wenn wir es einfach möglichst gut machen, uns vorher informieren, eine geeignete Umgebung schaffen und viel an uns arbeiten, dann kann doch eigentlich nicht mehr viel schiefgehen bei der perfekten Kindheit. Nun – inzwischen sind wir Meisterinnen im »Gut, das muss so reichen« und »Ups, das war Mist«. Das Leben geht weiter. Wir haben so oft Adieu gesagt, dass wir es kaum noch zählen können – und zwar nicht nur zu Kindheitsphasen (die im Nachhinein immer so schön waren und nie wiederkommen), sondern auch zu unseren eigenen Vorstellungen vom idealen Familienleben. Diese Abschiede waren nicht immer leicht, aber wir haben Wege gefunden, alle daran zu wachsen, und können euch heute davon berichten.

Besonders wichtig war für uns, mit anderen Eltern darüber zu sprechen. Am besten mit Eltern von größeren Kindern! Insofern hatte ich, Nicola, das Glück, dass ich dich, Julia, an meiner Seite hatte, mit deinem größeren Sohn und dem nie enden wollenden Strom von Bestärkung: »Du machst das gut, deine Kinder sind total entzückend, bei uns war das auch schwierig damals, ich hab das so und so gemacht.« Denn niemand ist damit allein, wir alle gehen durch diese Zeiten. Viele Eltern haben uns erzählt, wie aufregend es ist, wenn Kinder die ersten Schritte in die Welt hinaus tun. Dabei spielt es keine Rolle, ob diese mit drei, fünf oder acht Jahren stattfinden – es gibt eine ganze Menge erste Schritte im Familienleben.

Es beginnt mit den Dreieinhalbjährigen, die bei IKEA plötzlich allein ins Småland wollen. Und das ist erst der Anfang. Ab dem Schulalter wird es dann aufregend: Knut erzählte uns auf Facebook, dass sein Sohn einen Tag nach dem fünften Geburtstag erklärt hat, er würde jetzt allein zum Spielen rausgehen. Knut blieb gelassen, genoss die Stunde Ruhe, hat dann aber doch ganz gelassen alle drei Minuten aus dem Fenster geguckt – es könnte ja regnen. (Das muss man im Auge behalten. Julia nickt verständnisvoll.) Aber es muss gar nicht draußen beim Spielen sein: Wir haben mit den Kindern beim Zahnarzt Termine zum Nachschauen – und während wir freundlich zur Prophylaxe gebeten werden, marschiert das Kind selbstbewusst allein mit der Sprechstundenhilfe in ein eigenes Behandlungszimmer, ohne uns!

Sanny, die sich selbst als »Glucke« bezeichnet, erzählt, dass sie ihren verträumten Jungen bald loslassen muss, damit er mit dem

Bus in die Schule fahren kann und an einer Ampel eine Bundesstraße quert. Puh. Atmen! Auch Elisas Sohn will nach drei Monaten Begleitung jetzt endlich seinen Schulweg allein schaffen – mit Straßenbahn und Bus und Umsteigen. Und: Er schafft es! Als er einmal die Haltestelle verpasst, helfen ihm freundliche Passanten. Das Kind ist stolz – die Eltern lernen loslassen.

Anna durchwacht drei Nächte vor Aufregung, weil das Kind auf Klassenfahrt ist – wo das Kind auch nicht schläft, aber nicht etwa vor Angst, sondern weil es Party macht! Und dann sind da die Neunjährigen, die mit dem Rad ins Nachbardorf zu ihren Freunden fahren und fünf Zentimeter größer wiederkommen, wenn sie es geschafft haben.

Wir Eltern haben Herzklopfen. Wir sind gestresst. Wir machen uns einen Kopf. Wir machen uns Sorgen. »Wie wird das sein? Kann ich mein Kind da allein hinlassen? Wie wird es ohne mich, ohne uns, klarkommen? Wie soll das gehen? Wie wird man mit ihm umgehen? Was, wenn etwas passiert?«

Was wir Eltern dabei oft übersehen: Wir haben doch bis hierhin schon super Arbeit geleistet. Das sind doch großartige, starke, toughe Kinder! Die Kinder sind stabil, mutig, sie können Probleme lösen und anderen Menschen vertrauen, sich Hilfe holen und ruhig bleiben. Wenn wir ganz genau hingucken, können wir uns in den meisten Fällen entspannt zurücklehnen. Warum sorgen wir uns? Vielleicht können unsere Kinder etwas, was wir in dem Alter noch nicht konnten? Oder haben wir es nur vergessen?

NICOLA: Meine Tochter war dieses Jahr zum ersten Mal allein im Reitercamp. Ich war es, die vorher hinfahren und alles ansehen wollte. Ich war es, die es wichtig fand, die Betreuer (alle!!!) vorher zu sprechen. Und das, obwohl ich auf dem Sprung in ein *artge-*

recht-Camp war. Ich war es, die bei der Abgabe noch drei Stunden Puffer eingeplant hatte, damit meine Siebenjährige sich »eingewöhnen« konnte. Als ich das meiner Tochter eröffnete, erklärte sie mir: »Mama, keiner fährt da vorher hin!« Als wir am Tag X auf dem Reiterhof ankamen, durfte ich der Reitlehrerin gerade noch die Hand schütteln. Dann drückte und küsste mich mein Kind und flüsterte mir freundlich ins Ohr: »Mama, das hier ist jetzt mein Camp. Du kannst jetzt in dein Camp gehen. Ich erzähle dir alles hinterher. Tschüss!« Ich hatte sieben Nächte lang Herzklopfen. Sie hingegen rief nicht mal an. Eine Woche später hüpfte sie mir freudestrahlend entgegen mit der freundlichen Frage: »Und? War dein Camp so cool wie meins?«

Halten wir fest: Unsere Kinder werden fliegen, ob wir das wollen oder nicht. Sie werden hinausziehen in diese Welt da draußen, und wir können nicht das Geringste daran ändern, dass sie dort ihre Erfahrungen machen. Wir, Nicola und Julia, wissen beide, wie aufregend und vielleicht auch beunruhigend das sein kann – obwohl natürlich alle Eltern mit dem Kopf wissen, dass es der Lauf der Dinge ist, dass es gut und richtig ist und all das. Aber sag das mal einem Mutterherz, das weint, weil der liebevolle kleine Sohn auf einmal zum wilden Kerl wird. Sag es einem Vaterherz, das sorgenvoll dabei zusieht, wie die Zehnjährige auf einmal mit Wimperntusche im Gesicht in die wilde Welt hinauszieht.

JULIA: Wir haben das mit der Schule damals ein wenig anders gelöst als üblich. Dieser andere Weg war nicht immer leicht, aber er war frei, und wir hatten grandiosen Spaß und wunderbare Erlebnisse – kurz gesagt, ich war eigentlich der Meinung, dass wir uns ganz gut darin eingerichtet hatten.

Und dann kam der Tag, an dem mein Sohn sagte: »Ich möchte ab der fünften Klasse in eine ganz normale Schule gehen wie die anderen.«

»Verstehe ich das richtig?«, fragte ich. »Ich will dir die Welt schenken, und du willst … naja … in die *Schule*?«

»Ja.«

Ich habe geschluckt. Und dann habe ich genickt. »Okay.«

Kurz davor hatte ich Jesper Juuls Pubertätsbuch gelesen, und ich glaube, es war dort, wo ich die Aussage fand, dass wir als Eltern nur zehn oder elf Jahre Einfluss hätten und dass der Drops danach im Prinzip eh gelutscht sei. Mit dieser heiligen Jesper-Aussage im Kopf und meinem selbstständig sich seinen Weg suchenden Kind im Herzen saß ich dann eines Tages im Kino und guckte *Mamma Mia*! Zum Glück waren die Plätze um mich herum einigermaßen leer, denn bei der Szene mit dem Nagellack holte es mich ein. Für alle, die den Film nicht kennen: Es geht darum, was die Hochzeit der noch sehr jungen Tochter mit der Mutter und den drei potenziellen Vätern macht. Eigentlich ist es leichte Kost. Aber es gibt eben diese eine Szene, wo die Mutter der Tochter in Vorbereitung auf die Feierlichkeiten liebevoll die Fußnägel lackiert und dazu singt (ja, der Film ist ein Musical), und zwar sinngemäß: »Da geht sie dahin mit ihrer Schultasche in der Hand. Und ich stehe hier und sehe ihr nach. Ich habe das Gefühl, sie für immer zu verlieren. Was ist mit all den Abenteuern passiert, mit all den Orten, die ich mir vorgenommen hatte, dir zu zeigen? Manches davon haben wir gemacht, aber das meiste nicht. Und warum? Das weiß ich nicht …«

An der Stelle war es mit mir so was von vorbei. What happened to these wonderful adventures?

Es war der Anfang zweier sehr verheulter Wochen, und am Ende ließ ich meine Vorstellung von all dem gehen, was ich mir so für die reiche, erfüllte Kindheit meines Sohnes ausgedacht hatte. Denn letztlich ist es sein Leben, und ich finde, er macht das ziemlich gut.

Sechs Jahre später kann ich sagen: Es gab dann trotzdem noch das eine oder andere Abenteuer. Als die Jungs auf den Brückenbogen geklettert sind zum Beispiel …

NICOLA: Oh Gott, da hatte ich Herzklopfen beim Zuhören! Aber das ist eine andere Geschichte und soll an einer anderen Stelle in diesem Buch erzählt werden.

JULIA: Stimmt. Um es vorsichtig auszudrücken: Ich habe mir an manchen Stellen zu viele Gedanken gemacht. Womit ich glücklicherweise nicht allein bin.

Auf den nächsten Seiten wollen wir euch daher erzählen, wie wir herausgefunden haben, dass Gelassenheit meist besser funktioniert als Aufregung, und was wir Eltern tun können, um unsere Kinder entspannt zu begleiten, während ihnen Flügel wachsen und sie die ersten Schwungübungen machen.

Wurzeln und Flügel

Ein bekannter Aphorismus sagt: »Wenn Kinder klein sind, gib ihnen Wurzeln, wenn sie groß sind, verleih ihnen Flügel.«

Über die Wurzeln haben wir beide ja andernorts schon viel geschrieben, in diesem Buch geht es um die Flügel. Denn wir wissen aus eigener Erfahrung und aus den vielen Geschichten, die Eltern uns erzählt haben, dass die Sache im echten Leben nicht so einfach ist wie im Kalenderspruch. Emotional nicht und ganz praktisch manchmal auch nicht.

Dabei geht es nicht nur um den Augenblick, in dem das Kind

zum ersten Mal allein in der Betreuung bleibt und die Mutter Kompensationskuchen essen und mit ihrer besten Freundin telefonieren muss, bis sie es endlich wieder abholen kann. Es geht nicht nur um den Moment, in dem die Zwölfjährige die Entscheidung trifft, fortan bei ihrem Vater zu leben, den die Mutter für die gestörteste Person unter der Sonne hält. Sondern es geht auch um die vielen Fragen, die sich Eltern jeden Tag stellen, und um das Spannungsfeld, in dem wir leben. Aus unserer Sicht ist der Trick:

> Macht die Kinder stark.
> Und dann lasst sie los und vertraut auf eure Arbeit.

Klingt einfacher, als es manchmal ist, das ist uns bewusst. Aber wir Eltern müssen aushalten, dass wir ab dem Schulalter vieles einfach nicht wissen. Wir wissen nicht, was wirklich auf dem Schulhof los ist. Wir wissen nicht, was die Kinder unter sich ausmachen. Wir wissen oft nicht einmal, was die Kinder in ihren kleinen Kinderköpfen mit sich selbst ausmachen – vielleicht erinnert sich die eine oder andere an die großen Welten, die wir als Kinder in unseren Köpfen getragen haben. Jetzt, da die Kinder das Schulalter erreichen, gehen sie in eine eigene Welt. Und das müssen sie auch. Wir können jetzt nicht mehr immer dabei sein.

Das Gute ist: Unsere Kinder breiten nicht von einem auf den anderen Tag ihre metaphorischen Flügel aus und hopsen aus dem Nest, sondern wir können das Wachsen über Jahre begleiten, von der ersten zarten Daune bis hin zu den Schwungfedern. Die ganze Zeit über können wir sie bei ihren Flugübungen unterstützen, genießen, wenn sie immer wieder zurückkehren, und in uns selbst das Vertrauen wachsen lassen, dass die das schon schaffen und wir unseren Job als Eltern ziemlich gut gemacht haben.

Im Gegensatz zu Eltern heute konnten die Eltern früherer Zeiten kaum in Versuchung kommen, ihre Kinder mit GPS-Trackern auszustatten. Aber auch wir heute haben Möglichkeiten, entspannt und vertrauensvoll mit dem Auszug unserer Kinder in die große Welt da draußen umzugehen.

Und wir müssen zum Glück das mit dem Loslassen auch nicht von Anfang an perfekt hinbekommen, sondern es genügt, uns selbst und unseren Kindern einfach immer mal wieder ein bisschen mehr zuzumuten. Die Beziehungen in der Familie lassen sich mit Gummibändern vergleichen, die immer wieder gedehnt werden und sich zusammenziehen. Immer wird jemand sich entfernen und zurückkehren. Nähe – Distanz – Nähe, ein fortwährendes Spiel zwischen Freiheit und Abhängigkeit.

Je älter die Kinder werden, desto größer werden die Distanzen – und desto entschiedener kehren sie bis zu einem bestimmten Alter wieder zurück und genießen die elterliche Nähe. Der Spruch »Wenn du jemanden liebst, lass ihn frei« passt nirgends besser als für Situationen, in denen Eltern ihre Kinder fliegen lassen müssen.

Freilassen bedeutet für uns: Vertrauen haben. Wissen, dass wir all die Jahre unser Bestes gegeben haben – und dass das reicht. Wissen, dass unsere Kinder stark genug sind, mit der wilden Welt klarzukommen – und sie vielleicht sogar zu einem besseren Ort zu machen, jedes auf seine Art.

Was dieses Buch für euch tun kann

Ja, wir müssen die Kinder loslassen. Aber nein, natürlich nicht blind. Natürlich lassen wir sie nicht in ihr Verderben rennen, sie surfen mit acht nicht ungeschützt im Netz herum und mit zehn liefern wir sie nicht dem Mobbing in der WhatsApp-Gruppe aus. Und in der Regel kennen die meisten Eltern auch die Elternhäuser der Freunde ihrer Kinder zumindest insoweit, dass sie sicher sein können, dass das Kind dort nicht unter die Räder kommt. Wir müssen eine gesunde Balance finden. Aber seien wir ehrlich: Die (vollkommen verständliche) Tendenz von uns Eltern ist eher, die Kinder zu wenig loszulassen.

In *Wild World* haben wir für euch viele praktische Tipps gesammelt, die das gemeinsame Entdecken der Welt froh und das Loslassen leichter machen. Beim Lesen werdet ihr hoffentlich schmunzeln und den einen oder anderen Aha-Moment erleben – oder feststellen, dass dies oder jenes bei euch ganz genauso ist.

Wir werden euch zeigen, warum wir uns erst mal entspannen können (das sind tolle Kinder) und wie wir uns grundsätzlich noch mehr entspannen können (es ist alles gar nicht so wild, wie es aussieht). Und wenn es mal schiefgeht (und es wird mal schiefgehen), wenn es blöde Zickereien unter Freunden, unerwiderte Liebe, unfreundliche Zahnärzte und Angst vor dem Klimawandel gibt – dann zeigen wir euch Wege, eure Familien wieder in Balance zu bringen. Außerdem sprechen wir über den Unterschied zwischen »gutem« und »schlechtem« Loslassen und über die Unterscheidung von Wünschen und Bedürfnissen.

Denn alle Eltern kennen das, was wir erlebt haben. Bei Babys geht es um die Erfüllung der primären Bedürfnisse, sie sollen sicher, warm und satt sein und sich gut entwickeln. Aber wenn sie größer werden, taucht auf einmal eine Menge neuer Fragen auf: Wie überlebt mein wildes Kind im Schulsystem? Warum sind eben noch nette Spielkameraden in der Gruppe manchmal so ätzend? Wie gehen wir mit gesellschaftlichen Zwängen um wie Hausaufgaben, Arztterminen oder Omas Tischregeln? Wie viel Ordnung und Sauberkeit ist eigentlich »artgerecht«? Wann kriegt das Kind ein eigenes Handy, mit oder ohne Datenflatrate? Wie erkläre ich meinen Kindern, dass man mit zehn Jahren mehr darf als mit sechs Jahren? Und wenn dann die Entwicklungsschübe, intellektuellen Sprünge und emotionalen Ausbrüche in der kleinen Pubertät im sechsten Lebensjahr kommen – ist dann immer noch totale Bedürfnisbefriedigung das Richtige? Was tue ich, wenn ein neunjähriges Kind kuschelnd auf den Schoß will und zwei Minuten später schreit: »Du nervst mich voll!«? Warum können auch gestillte, getragene, geborgene Kinder ganz schön kratzbürstig werden und wie geht man mit freundlichen Hinweisen nach der Manier »Ihr seid voll scheiße!!« um?

Gleichzeitig gibt es auch in der Welt der »großen« Kinder ein paar Dinge, die man richtig machen kann, auf die es wirklich, wirklich ankommt. Und wenn man die richtig macht, kann man auch mit Tiefkühlpommes nicht mehr viel falsch machen. Nicht mal mit Tiefkühlpizza.

Wenn ihr euch jenseits von Perfektion und Fluchtgedanken dafür interessiert, wie das geht, dann ist das hier das richtige Buch für euch. Für alle Eltern, aber auch Großeltern, Tanten, Onkel, alle, die Kinder begleiten und sie gut vorbereitet in die Welt loslassen möchten.

Dieses Buch ist auch für alle, die wie wir sagen: Die Kinder sind okay, und wir Eltern können das! Und die Welt da draußen ist übrigens gar nicht so schlecht!

Und wie bei *Slow Family* glauben wir auch diesmal, dass es einen großen Unterschied macht, ob unsere Kinder »Nein« sagen oder »Vielleicht eher nicht …«. Wir sind sicher, dass es eine Rolle spielt, ob wir ihnen zuhören und sie sich gesehen fühlen, ob wir den Mut haben, die Wahrheit zu sagen, uns zu zeigen und auch mal auszuhalten, dass es Probleme gibt, für die wir keine Lösung anbieten können.

Es macht einen Unterschied. Ganz sicher. Alles, was wir tun, macht einen Unterschied. Wir wollen uns bewusst entscheiden, welchen Unterschied wir machen, wie die große Jane Goodall sagte. Und das gilt ganz besonders für das Zusammensein mit unseren Kindern.

Warum Loslassen schwer bleibt

Die Welt da draußen ist wild und scheint immer wilder zu werden – nicht unbedingt im positiven Sinne. Und manchmal, wenn wir wieder einmal irgendwo eine Schreckensnachricht gehört haben, sei es in den Nachrichten oder in der Nachbarschaft, ist es nicht so einfach, seine behüteten, gekuschelten, geliebten, zarten, empathischen Kinder dort hinauszulassen. Denn natürlich wollen wir, dass es unseren Kindern gut geht und dass sie sicher sind.

Wir haben gezittert, gebetet, auf die Uhr geschaut, das Internet durchforstet. Wir haben die halbe Familie verrückt gemacht auf der Suche nach der besten Schule, dem besten Sportkurs, dem besten Ferienort, den besten anderen Familien, den besten Spielkameraden. Wir wollten die Welt so, wie wir sie uns für unsere Kinder wünschten – und mussten einsehen, dass die Welt so ist, wie sie nun einmal ist. Und dass unsere Kinder das oft richtig prima finden.

Nachrichten, Bücher und auch Freunde können uns viel Angst machen: Kinder gehen, wenn man das alles glaubt, quasi alle naselang verloren, werden entführt, im Sportverein missbraucht, schaffen die Schule nicht, trinken zu früh zu viel Alkohol, gucken in der Grundschule Pornos, werden hyperaktiv vom Handyzocken und können nicht mit Geld umgehen. Wenn man diese angeblichen Tatsachen in sein Leben hineinlässt, kann einem mit Recht angst und bange werden.

Aber ist die Welt wirklich so furchterregend?

Nein, ist sie nicht! Wenn wir genau hinsehen, ist die Wirklichkeit nämlich ganz anders und viel besser. Wir wollen uns das mit euch ansehen – eine Welt voller starker Kinder, die von uns hin und wieder etwas Unterstützung brauchen, um loszuziehen und starke Erwachsene zu werden.

Fragt man Eltern größerer Kinder oder junger Erwachsener, welche Sorgen im Rückblick berechtigt waren, sagt ein Großteil dieser Eltern, dass eigentlich alle Sorgen überflüssig waren. Anke, Mutter eines inzwischen neunzehnjährigen jungen Mannes, meinte dazu: »Wenn ich das damals alles gewusst hätte, was kommt, ich hätte mich an der Hand genommen und gesagt: Komm, chill mal.«

Aber wir wissen, dass »Chill mal« allein nicht hilft. Deswegen haben wir uns erstens gefragt, wie man Kinder stark machen kann für die wilde Welt – damit wir uns tatsächlich entspannen können. Dabei mussten wir feststellen, dass starke Kinder die Sache sicherer, aber nicht einfacher machen! Denn starke Kinder sind nicht unbedingt einfache Kinder und sie haben oft ganz eigene Vorstellungen davon, wie sie ihre »Wilde Welt« gerne hätten:

Julia hat alles getan, ihren Sohn als durchs Leben schwebenden Weltbürger aufwachsen zu lassen, von der Gründungsinitiative für eine demokratische Schule bis zu ausgedehnten Reisen – während das weltgewandte Kind dann eines Tages frohgemut verkündete, es wolle jetzt doch bitte mal wie alle anderen eine normale Schule besuchen.

NICOLA: Und jetzt erzählst du mir wöchentlich, wie großartig diese Schule ist.

JULIA: Es ist immer noch eine Schule, da beißt die Maus keinen Faden ab. Aber ich habe enorme Achtung vor den engagierten

Menschen dort, die so achtsam und respektvoll mit den Jugendlichen umgehen.

Nicola hat ihre Tochter in einem erzkatholischen Umfeld mit aller Kraft vor der Strenge der Kirchenväter bewahrt und im Geiste tiefer Naturverbindung aufgezogen – nur damit das Kind eines Tages aus der Schule kommt und verkündet: »Mama, ich will jetzt Muslima werden, die haben so schöne Gebete und Kopftücher!« Was soll man da sagen, außer: »Okay, Schatz, dann schauen wir uns das jetzt mal genau an.«

JULIA: Und? Habt ihr?

NICOLA: Klar … aber wir sind noch … sagen wir … im Prozess …

Außerdem geht im Leben auch immer mal wieder etwas schief und wir können nicht einfach alle Schwierigkeiten und unangenehmen Erfahrungen von den Kindern abwenden. Daher haben wir uns gefragt, was Familiensysteme stark genug macht, dass sie auch nach schwierigen Phasen immer wieder zurückfedern auf ein gesundes Zusammensein. Im Kapitel »Familienresilienz« findet ihr das Ergebnis dazu inklusive praktischer Tipps für den Alltag.

Ja, manchmal fühlte es sich wirklich zum Fürchten an. Dann haben wir geschaut, wo die Furcht herkommt und ob sie vielleicht manchmal sogar sinnvoll ist. Wir haben gelernt zu unterscheiden, wann wir sie ernst nehmen müssen und wann wir sie lächelnd ansehen und sagen können: »Vielen Dank, Angst, dein Einwand ist registriert. Ich gehe jetzt dennoch weiter.«

Denn wir wollen ja die weite, wilde Welt! Unsere Kinder wollen in die weite, wilde Welt hinaus, wollen sie entdecken, erforschen, erobern. Aber wir wollen auch alle nicht gefressen werden.

Manchmal fühlt es sich an, als wäre das nicht zu schaffen. Wenn die Sechsjährige aus der Mädchengruppe ausgeschlossen wird, der Zehnjährige auf dem Schulhof Pornos gezeigt bekommt, der Sechzehnjährige bei der Feuerwehrübung das Niedersachsenlied singen soll und außerdem noch alle immer morgens um 6.15 Uhr aus dem Bett müssen, dann haben auch wir manchmal gedacht: Ach, Leute, macht das ohne uns, wir ziehen auf eine Insel. Oder in den Dschungel.

Wir sind aber geblieben. Und wir haben Möglichkeiten gefunden, die wilde Welt für uns und unsere Kinder zu erobern beziehungsweise unseren Kindern nicht im Weg herumzustehen, wenn sie ihre Sachen packen, um selbst hinauszugehen. Und wir haben festgestellt: Es geht tatsächlich, ohne gefressen zu werden. Versprochen!

Logo schaffen die das!

JULIA: Die Geschichte, die wir in der Einleitung erzählt haben, ist mir beinahe eins zu eins so passiert. Inklusive der Anrufe bei Polizei und Krankenhaus. Und genau wie dort klingelte es bei uns dann fast zwei Stunden zu spät an der Tür.

Ich stürze hin. Das Kind steht davor, frohgemut.

»Warum weinst du denn?«, fragt das Kind.

Ich schniefe. »Weil ich mich so freue, dass du wieder da bist.« Und weil ich eine Scheißangst gehabt habe. »Du hast ja lange gebraucht heute.«

Freudestrahlend erzählt mein Sohn, wie er auf dem Heimweg auf der großen Reifenschaukel auf dem Spielplatz neben der Schule gespielt hat. Zwei Kilometer vor zu Hause ist ihm dann die Kette rausgesprungen, also musste er schieben.

»Ja, hat er denn kein Handy?«, fragte meine Freundin mich später.

Im Rückblick bin ich mir sicher, dass er nur deswegen so fröhlich und guter Dinge war, weil er diesen Heimweg mitsamt dem kaputten Fahrrad allein bewältigt hat.

Wenn Eltern sich besorgt fragen – und sagt nicht, ihr hättet euch das nie gefragt –: »Ist mein Kind stark genug für die Welt da draußen?«, dann ist unsere Antwort: Ja!

Selbstverständlich sind die Kinder stark genug. Warum denn auch nicht? Wozu soll das Ganze denn sonst gut gewesen sein, all die vielen Stunden, die wir gekuschelt, getragen, gespielt haben? Die tausend Gedanken, die wir uns gemacht haben, die kleinen Händchen, die wir gehalten haben – das war doch nicht für nichts! Jedes Vorlesen am Abend, jedes verständnisvolle Zuhören, jedes In-den-Arm-Nehmen hat die Bindung zwischen Eltern und Kind gestärkt und dazu beigetragen, dass die Kinder stark und sicher werden.

Vielleicht wird es Momente geben, in denen das nicht so ist. Aber dann sind ja wir als Eltern da und können liebevoll unterstützen, wenn unsere Unterstützung gewünscht ist. Viele Kinder sind sehr entschieden darin, die tatsächliche Herausforderung allein zu bewältigen und dann lieber emotional aufgefangen zu werden.

Und dann gibt es wieder die Zeiten, in denen alles ganz von allein läuft und die Eltern sich fragen, warum sie sich je Sorgen gemacht haben – bis zum nächsten Selbstständigkeitsschub. Dieses ganze Großwerden und Loslassen ist ja kein Hebel, der von heute auf morgen umgelegt wird. Es ist nicht mal ein linearer Prozess, bei dem man irgendwann sagen könnte: »Super, wir sind bei 80 Prozent, gleich geschafft.« Sondern es ist ein verschlängelter, gewundener Weg, der vielleicht auch mal rückwärts oder bergauf läuft, sich selbst kreuzt und ab und zu ins Nichts zu führen scheint. Aber am Ende, und das ist das Gute, führen die allermeisten dieser individuellen, verschlängelten Wege gut und sicher zum Ziel.

Alles, was wir tun, macht einen Unterschied

In vielerlei Hinsicht ist *Wild World* eine Fortsetzung unseres Erfolgstitels *Slow Family*. Darin ging es viel um die kleinen Schritte, die jeder tun kann, um das Familienleben entspannt zu gestalten, um Stress abzubauen, um insgesamt ein wenig »artgerechter« zu leben, um etwas Gutes für den Planeten zu tun. Auch in *Wild World* schauen wir wieder darauf, was unserer menschlichen Natur entspricht, und ziehen dabei Wissenschaft und Erfahrungen zurate. In *Slow Family* schrieben wir: »Wir beide haben zusammen 24 Jahre Selbstversuch hinter uns, in denen wir ›artgerechtes Menschenleben‹ in der modernen Welt ausprobiert haben.« Mittlerweile sind es 28 Jahre. Nachdem wir uns um eine bindungsorientierte Baby- und Kleinkindzeit gekümmert, allerhand Initiativen und Projekte gegründet oder unterstützt, Bücher geschrieben, genetzwerkt und gefacebookt haben, nachdem wir verschiedenste Wohn- und Betreuungsmodelle ausprobiert und die Erfahrungen anderer Eltern dazu gehört haben, ist bei uns beiden mittlerweile eine Kompetenz dazugekommen, die uns dazu gebracht hat, *Wild World* zu schreiben: Wir werden immer besser im Loslassen.

Wir haben in all den Jahren natürlich auch erfahren, wie das ist, wenn man als Eltern Angst hat. Aber letzten Endes hilft sie nicht. Angst lähmt nur und hält uns in Untätigkeit gefangen – sei es die Angst vor Kleinigkeiten wie einem unangenehmen Anruf bei der Erzieherin oder später vor Gruseligkeiten wie den Drogen und Gewaltvideos auf dem Schulhof. Dieses Buch ist sozusagen ein Teil des Ausbruchsplans aus dem Gefängnis, in dem uns die Angst halten will.

Wenn wir – um im Bild zu bleiben – das Angstgefängnis verlassen wollen, müssen wir aufpassen, dass wir dabei nicht zu viel Lärm machen. Wir dürfen keine Wächter auf den Plan rufen, wir dürfen uns nicht auf dem Weg nach draußen noch schnappen lassen. Oder, anders gesagt: Wir dürfen unser eigenes System nicht damit überfordern, dass wir zu viel von ihm verlangen. Ängste sind nicht ohne Grund da, sie helfen uns zu überleben.

Der wichtigste Schritt, den wir tun können, ist: Vertrauen. Unseren Kindern. Uns selbst. Das möchten wir allen mit diesem Buch gerne mitgeben: In einer Welt der Unsicherheit zählt vor allem unsere Zuversicht. Denn nur mit Zuversicht können wir genau hinsehen und echte von eingebildeten oder eingeredeten Gefahren unterscheiden, klar denken und kluge Wege einschlagen.

Und wie bei allen anderen Themen haben wir dabei festgestellt: Auch das geht besser entspannt, ohne Druck und sanft mit sich selbst: Schritt für Schritt. Manchmal vielleicht auch zwei Schritte zurück, das Leben kennt da keine Regeln, jede Familie ist anders. Was einer Familie leicht von der Hand geht, kann einer anderen Familie so schwerfallen, dass es fast nicht zu schaffen ist. Damit für alle etwas dabei ist, haben wir euch wieder eine möglichst bunte Mischung an Ideen und Tipps zusammengestellt.

KINDER EINER WELT

Hätte ich die Kraft, nichts zu tun,
täte ich nichts.

Unbekannt (hängt an Nicolas Fensterscheibe im Büro)

Wenn Naomi Klein in *Gegen Trump* schreibt, dass wir uns in einem »Schockzustand« befinden, dann kann man ihr wohl beipflichten. Täglich starrt die Welt fasziniert auf die unflätigen Tweets eines in seiner politischen Kommunikation narzisstischen US-Präsidenten.[1] Dabei übersehen wir manchmal, dass ganz andere gefährliche Dinge gerade um uns herum passieren: Wir haben das Zwei-Grad-Klimaziel mit großer Wahrscheinlichkeit verfehlt, wir verlieren jedes Jahr 58 000 Tierarten, und wir müssen gar nicht bis in die Kalahari schauen, um zu sehen, wie die Erde sich verändert: In Florida gibt es das größte Fischsterben seit Menschengedenken, weil Abwässer eine aggressive Rotalge füttern, und in Nordrhein-Westfalen kann man mittlerweile auf der Terrasse ungestört seinen Sonntagskuchen essen, denn das Bundesland hat nachweislich 80 Prozent seiner Insekten verloren.[2]

Klar ist es einfacher, sich mit seinen Kindern über die leckerste Schokoladensorte zu unterhalten, als darüber, dass andere Kinder den Kakao dafür geerntet haben oder Kälbchen die Milch dafür weggenommen wurde. Wir wissen das. Und wer uns kennt, weiß, dass wir die Letzten sind, die Genuss vermiesen wollen. Aber: Wir müssen reden. Denn es reicht nicht mehr, mit den Kindern in Geborgenheit Kastanienmännchen zu basteln und Jahreszeitentische zu decken. Wir finden es, wenn sie älter werden, auch sinnvoll, ihnen zum Beispiel bewussten Konsum nahezubringen. Und ja, auch wir haben manchmal den Gedanken: Am liebsten würden wir uns eingraben und das alles ignorieren. Wenn wir die Kraft hätten, täten wir nichts. Aber das ist auch keine Alternative. Also schauen wir jetzt mal auf die Welt und unsere Kinder, die sich darin bewegen sollen.

Die Wild World ist selbst in Gefahr

Zahlreiche Studien zeigen nämlich, dass Kinder und Jugendliche trotz allem eine positive Grundhaltung der Welt gegenüber haben. Sie fühlen sich geborgen und sicher, bekommen nach eigener Aussage ausreichend Zuwendung und Anregung. Sie fragen sich schon früh, »was ist los in unserer Welt?« (6- bis 11-Jährige in der World-Vision-Studie),[3] und wenn sie dann in diese Welt hinausziehen, sind sie zu großen Teilen optimistisch: In der 17. Shell Jugendstudie blickten 61 Prozent der Befragten (12 bis 25 Jahre) positiv in die Zukunft.

Aber wir müssen unsere Kinder gut vorbereiten. Naomi Klein schreibt: »Es gibt keine Alternative zum Widerstand und auch keine Alternative dazu, rebellische, progressive Kandidaten auf allen politischen Ebenen ins Rennen zu schicken, von der Bundesebene bis hinunter zur Schule vor Ort.«[4] Denn in der Schule fängt die Veränderung an!

Dieser progressive Kandidat kann zum Beispiel auch ein Klassensprecher sein. Viele Menschen glauben, wenigstens in der Grundschule sei die Welt doch noch in Ordnung. Aber vielleicht bereitet sie unsere Kinder nicht auf das vor, was wir brauchen. Die World-Vision-Kinderstudie 2018 stellt fest, dass deutsche Kinder in der Schule nur wenig mitbestimmen dürfen. Fachwelt und Forscher weisen schon lange darauf hin, wie wichtig es ist, Kindern ihre Rechte zuzugestehen. Sie müssen die Erfahrung machen: Meine Meinung zählt. Ich kann etwas verändern. Ich kann mitbestimmen. Dies fördert Selbstwirksamkeit und damit auch Resilienz – die Kinder haben also eine stabilere Persönlichkeit, können Schicksalsschläge besser wegstecken, Verantwortung übernehmen, sich für andere einsetzen. Kurz, so erzieht man mündige Bürger einer Demokratie. Leider ist das im Schulalltag noch nicht angekommen:

»Mit 25 Prozent am häufigsten sagen die 6- bis 11-Jährigen, dass sie bei der Wahl ihres Sitznachbarn ›oft‹ mitreden können, 45 Prozent sagen ›manchmal‹. Interessanterweise dürfen auch nur 24 Prozent ›oft‹ und 35 Prozent ›manchmal‹ bei der Aufstellung der Klassenregeln mitbestimmen. Noch etwas weniger Mitspracherechte haben die Kinder bei der Gestaltung des Klassenzimmers (22 Prozent ›oft‹) sowie der Schulfeste (20 Prozent ›oft‹) und bei der Auswahl der Schulausflugsziele (15 Prozent ›oft‹).«[5] Das bedeutet im Umkehrschluss, dass der jeweils größere Teil der Kinder bei diesen Entscheidungen keine Einflussmöglichkeit hat. Schade, denn schon heute wollen Kinder gerne mitbestimmen und sich engagieren. Die Dresdner Kinderstudie 2012 stellte fest, dass Kinder zwischen 8 und 16 Jahren sehr wohl an der Gemeinschaft interessiert sind:

»Von hohem Interesse ist für 44,2 Prozent der Schüler/-innen die Mitarbeit in Organisationen, die sich für andere Personen einsetzen. Darauf folgen in absteigender Reihenfolge das Interesse an der Mitarbeit in einem Tier- oder Naturschutzverein (37,8 Prozent), der Wille, an Entscheidungen der Stadt mitzuwirken (36,2 Prozent), und abschließend die Planung und Mitgestaltung von Spielplätzen (31,3 Prozent).«[6]

Und auch Fachleute mahnen, wir sollten Kinder frühzeitig an der Mitbestimmung beteiligen. Ist ja auch klar – die »progressiven Kandidaten«, die Naomi Klein sich so wünscht (und wir auch), müssen ja irgendwoher kommen. Und sie sollten stark sein, fähig, um die Ecke zu denken, fähig, mit neuen Medien, dem Internet, der Welt, dem Klimawandel umzugehen und neue Wege zu finden. Fähig, in die wilde Welt zu ziehen und sie neu anzusehen. Kinder sind dafür einerseits bestens gerüstet – sie sehen alles neu, sie grenzen sich als Teenager ohnehin von uns ab. Gleichzeitig brauchen sie aber unsere Unterstützung, unsere Hände, unsere Herzen, unseren Halt, um an den Anforderungen dieser Welt nicht zu zerbrechen.

NICOLA: Als meine Kinder etwa sieben und vier Jahre alt waren, waren sie mit ihrem Papa in einem Sea-Life-Aquarium. Hinterher erzählten sie nicht von der Anmut der Fische, vom Artenreichtum, von Nahrungsketten oder der Schönheit der Korallen. Sie waren vielmehr traurig, wortlos und geschockt. Als sie abends kurz vor dem Schlafengehen endlich darüber sprechen konnten, erzählten sie mir, dass sie im Sea Life erfahren hatten, dass man in China aus Seepferdchen Medizin macht und dass es deshalb bald keine Seepferdchen mehr geben wird. Die Kinder waren am Boden zerstört. Der einzige Ausweg, den man ihnen in Sea Life genannt hatte, war, dass man Sea Life spendet, damit dort Seepferdchen gezüchtet werden. Sie waren entmutigt. Sie konnten nichts tun und waren überfordert mit ihrer Machtlosigkeit.

An diesem Abend habe ich mir geschworen, dass ich meinen Kindern zuerst zeigen werde, wie schön die Welt ist, wie sie funktioniert und wie man sie verändert. Erst dann werde ich mit ihnen darüber sprechen, dass wir die Meere mit Plastik zumüllen, dass der Sushi-Hunger die Thunfisch-Schwärme ausrottet[7] und dass für die seltenen Erden in unseren Handys Naturschutzgebiete und Reservate indigener Völker bedroht werden.[8] Wir haben in den vergangenen Jahren immer wieder Plastik gespart, wir kaufen keine neuen Mobiltelefone, wir achten sehr auf unser Essen. Aber wir genießen auch einfach den Planeten, statt ihn ständig zu problematisieren. Wir sehen uns Fische, Tiere, Landschaften an. Und sind einfach auch mal glücklich. Und wir üben auf Kinderebene, wie man kreative Lösungen findet und den Status quo infrage stellt.

Wir müssen dies, wir brauchen das, wir sollten jenes. Wenn es um nüchterne, wissenschaftliche Beobachtungen geht, hört sich alles gleich nach Druck und Zwang an. Wenn wir den Planeten nicht an die Wand fahren wollen, müssen wir CO_2 reduzieren. Fakt. Wenn wir nicht im Plastik ersticken wollen, müssen wir andere Möglichkeiten finden. Fakt. Wenn wir uns eine resiliente Gesellschaft wünschen, die kreative Lösungen entwickelt, brauchen wir starke Kinder. Fakt.

Aber – ein fettes Aber – allen ist mehr gedient, wenn dieses Müssen und Brauchen nicht unser tägliches Leben komplett regiert, sondern wenn wir dort auch leicht und spielerisch bleiben können. Dann macht Verantwortung sogar Spaß.

> Frag dich nicht, was die Welt braucht.
> Frag dich, was dich lebendig werden lässt –
> und dann geh los und tu das.
> Denn was die Welt braucht, sind Menschen,
> die lebendig geworden sind.
> Harold Whitman

Kein geringerer Anspruch als dieser eint die meisten Eltern heute, das zumindest zu versuchen: unsere Kinder so aufwachsen zu lassen, dass sie lebendig *bleiben* können. Da sind Familien weiter als die Systeme, mit denen sie täglich zu tun haben. »Bis heute ist ›gutes‹ Verhalten angepasstes Verhalten«, sagte Kinderarzt und Buchautor Herbert Renz-Polster kürzlich auf einer Fachtagung in der Schweiz. »Wir passen schon Kleinkinder an den späteren Arbeitsplatz an. Dabei hilft uns das nicht weiter. Wir brauchen selbstwirksame Kinder mit wachen Augen – die sind nicht zu stoppen. Mehr müssen wir nicht erreichen.« Das sehen wir auch so.

Ein bisschen scheint beim Reflektieren über elterliche Ziele oft der Wunsch nach superresilienten, hyperkreativen Anführern mitzuklingen, doch das ist es nicht, was wir meinen, wenn wir sagen: »Wir brauchen starke Kinder.« Genauer wäre es vielleicht zu sagen: »Wir brauchen, diese Welt braucht möglichst ungebrochene Kinder, jedes mit seiner ganz eigenen Art.«

Für uns bedeutet das: Wir lassen unsere Kinder mit einem gesunden Selbstwertgefühl und einem positiven Blick auf die Welt hinausziehen, um dort das zu sein, wofür auch immer sie geboren wurden. Dafür brauchen sie einen Rucksack mit ein paar wichtigen Sachen. Diesen Rucksack packen wir mit euch in diesem Buch.

FAMILIENRESILIENZ

Das Ganze ist größer als die Summe seiner Teile. Es reicht nicht, eine starke Mutter oder einen starken Vater zu haben, die oder der alles zusammenhält. Es muss auch ein Gefühl für ein gemeinsames Ziel und gegenseitige Abhängigkeiten geben.
Froma Walsh

Eigentlich mögen wir Worte, die Bilder im Kopf erzeugen, die möglichst konkret sind. Resilienz gehört – zugegeben – nicht dazu. Nicht einmal Worte wie Widerstandskraft und Regenerationsfähigkeit sind wirklich anschaulich. Was bedeutet Familienresilienz? Versuchen wir es hiermit:

Stellt euch zwei Familien vor, die jeweils über eine wunderschöne Hochebene wandern. Die Gruppe plaudert und singt und merkt nicht, dass sich der Himmel verdüstert. Plötzlich frischt der Wind auf, es wird merklich kühler, erste Regentropfen fallen. Sie schauen nach oben – der Himmel wird innerhalb kürzester Zeit schwarz, eine Kaltfront rauscht heran.

»Hattest du etwa nicht nach dem Wetter geschaut?« – »Das ist doch nicht mein Job!« – »Das hast du ja wieder toll hingekriegt!« In der einen Familie gehen sofort die Diskussionen los. Jeder beschuldigt den anderen, sich nicht im Voraus um das Wetter gekümmert zu haben. Als es endlich Zeit ist, eine Lösung zu finden, verhärten sich die Fronten: Papa will im nahe gelegenen Wald Unterschlupf suchen, Mama ist sicher, dass sie es noch bis zur nächsten Berghütte schaffen. Sie will auf jeden Fall den Kindern noch schnell die Regenjacken aus dem großen Wanderrucksack zerren, er ist genervt, weil er lieber schnell den Wald erreichen will und all das Gewurschtel im Rucksack nur Zeit kostet. »Wir gehen jetzt zum Wald!« – »Immer musst du deinen Kopf durchsetzen!« – »Du machst alles kompliziert!« – Innerhalb von Sekunden gibt ein Wort das andere und die beiden Erwachsenen stehen am offenen Rucksack und streiten lautstark. Das kleine Kind beginnt zu weinen, das größere versucht zwischen den Eltern zu schlichten, während diese weiter streiten. Die Mutter versucht gerade, das kleine Kind zu trösten, der Vater erklärt dem großen, wer hier das Sagen hat, da bricht der Regen über die kleine Gruppe herein. Der Rucksack ist noch offen, keiner hat seine Jacke an, innerhalb von wenigen Minuten ist alles durchnässt. Als diese Familie eine Stunde später in der Berghütte ankommt, sind alle kalt und tropfnass, die Kinder weinen, die Eltern sind stinksauer aufeinander. Sie versuchen irgendwie, die Situation zu retten, aber die Kinder werden beim Zähneputzen von gestressten Eltern angeraunzt, kriegen einen Müsliriegel in die Hand gedrückt, und schweigend gehen alle ins Bett.

Die andere Familie hat ebenfalls verpasst, auf das Wetter zu achten. Als der Himmel sich verdunkelt, schaut die Mutter nach oben: »Oh, das Wetter schlägt um.« Die Kinder merken die Unruhe und fragen: »Ist das gefährlich, Mama?« Die Großen signalisieren den Kindern: Wir haben das im Griff, ihr seid bei uns sicher. »Es ist alles gut, wir werden höchstens ein wenig nass.« Sie verlieren keine Zeit mit der Suche nach einem Schuldigen, sondern tun das Naheliegende. Während sie den beiden Kindern gemeinsam die Regenjacken anziehen, beratschlagen sie kurz, ob sie versuchen, bis zur Hütte zu kommen, oder im Wald Unterschlupf suchen. Sie können auch nicht entscheiden, was die bessere Option ist. Doch in dieser Familie gibt es eine Strategie für solche Fälle, und die heißt: Wir tun das Naheliegendste, Einfachste. Ein Gewaltmarsch durch den Regen mit zwei kleinen Kindern ist definitiv anstrengend. Also sprinten sie, jeder ein Kind auf den Schultern, zum nahe gelegenen Wald, sie lachen, als der Regen anfängt, auf ihre Nasen zu fallen. Sie warten, bis der Schauer vorbei ist, und stapfen anschließend gemeinsam durch den noch lange leise fallenden Nieselregen zur Hütte. Als sie dort ankommen, erzählen sie einander von dem großen »Abenteuer«, das sie erlebt haben, gehen alle heiß duschen, es gibt ein deftiges Abendessen und dann fallen sie, endlich warm und unglaublich müde, gemeinsam auf das Matratzenlager der Berghütte.

Was ist der Unterschied zwischen den beiden Familien?

Die erste Familie ist gestresst und genervt, sie arbeitet gegeneinander und lässt die eigenen Verletzungen die Leitung übernehmen. Die Kinder lernen dabei weder konstruktive Problemlösung noch eine positive Lebenseinstellung. Familie eins wird durch Krisen nicht gestärkt, sondern an den Rand des Auseinanderbrechens getrieben.

Familie zwei hingegen nimmt die Chance wahr, in der Krise ein Abenteuer zu erleben, aus dem alle gestärkt hervorgehen. Das Erlebnis, wie sie zur Hütte gelaufen sind, wird in die Annalen der Familienlegenden eingehen und immer wieder mit positiven Gefühlen erzählt werden. Die Familienmitglieder arbeiten miteinander, es geht nicht um Schuldzuweisung, sondern um Problemlösung, und die Kinder lernen, wie man auch in schwierigen Situationen miteinander in Kontakt bleibt, einander vertraut und unter Umständen auch gemeinsam darüber lachen kann, wenn man die falsche Entscheidung getroffen hat. Möglicherweise nehmen die einzelnen Mitglieder das Erlebte gar nicht erst als »Krise« oder

»schwierig« wahr. Familie zwei wird also durch Krisen gestärkt und wächst umso fester zusammen.

Was Familie zwei außerdem auszeichnet, ist, dass die Bedürfnisse aller, so gut es unter den entsprechenden Umständen möglich ist, erfüllt werden. Familie zwei hat, um so liebevoll miteinander funktionieren zu können, enge Bindungen geknüpft.

Auch wenn Bindungen da sind, bewegen sich Liebende, Familien und Gruppen immer zwischen den beiden Bedürfnispolen Autonomie und Harmonie. Je nachdem, wie wir gestrickt sind, ist uns die Harmonie wichtiger und wir suchen eher den Kompromiss und geben dafür auch etwas auf, oder wir brauchen stärker die Möglichkeit, selbst zu entscheiden, und gehen dafür auch bereitwillig in den Konflikt.

In der Familie, die sich vor allem streitet, geht es stärker um Autonomie, um Rechthaben, Macht und damit die Individualbedürfnisse und ein Stück weit auch um das Behalten von Kontrolle – nämlich die Kontrolle, recht zu haben, allein entscheiden zu können, sich selbst zu verwirklichen und keine Fehler zugeben zu müssen.

In der Familie, die eine gemeinsame Lösung findet, ist das soziale Bedürfnis nach Harmonie stärker als das Bedürfnis nach Autonomie. Damit können die Familienmitglieder ihre Individualbedürfnisse zurückstellen und die Bedürfnisse des sozialen Miteinanders voranstellen. Keiner muss wissen, wer schuld ist, muss recht haben oder Kontrolle ausüben, es ist vielmehr möglich, miteinander eine Lösung zu finden, in der alle aufeinander zugehen.

In *Slow Family* haben wir geschaut, was Familien brauchen, damit möglichst viele Bedürfnisse aller Beteiligten entspannt befriedigt werden können. Aus Maslows Hierarchie der Bedürfnisse haben wir unsere Familienbedürfnispyramide erschaffen, deren

Grundfundament die Zeit ist. Zeit füreinander, Zeit miteinander, Zeit für sich allein – Zeit, um überhaupt wahrzunehmen, worin das Bedürfnis gerade besteht. Zeit, um sich gegenseitig kennenzulernen.

Die meisten Menschen gehen davon aus, dass wir uns in unseren Familien – zumindest, wenn diese zusammenwohnen – automatisch nahe sind. Doch das ist nicht notwendigerweise richtig. Um von einem anderen Menschen, ganz gleich, wie sehr man ihn liebt, mehr als einen kleinen Teil zu kennen, braucht man Zeit miteinander. Auch Zeit, um zu verhandeln, welche Bedürfnisse jetzt wichtig sind und welche zurückstehen müssen.

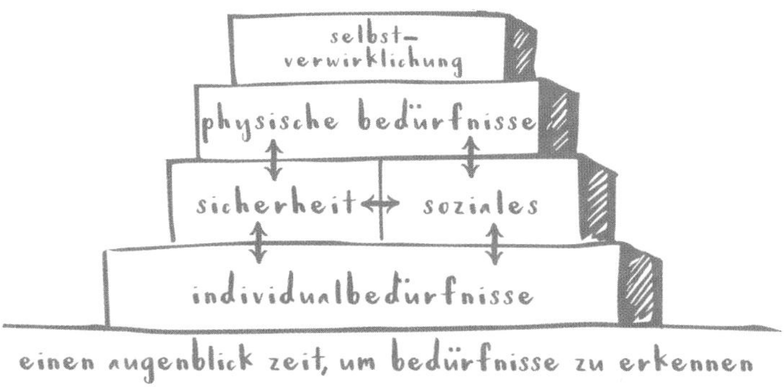

Hier führen wir die Familienbedürfnispyramide noch ein Stück weiter und forschen nach: Was macht Familien als System eigentlich widerstandsfähig? Wie können wir Familiensysteme erschaffen, die Stürmen nicht nur trotzen, sondern sie mit dem Wind in den Haaren genießen und gestärkt daraus hervorgehen? Wie entwickeln wir gemeinsam Strategien, um in herausfordernden Situationen nicht gegeneinander, sondern miteinander zu arbeiten? Wenn wir das Leben gut meistern wollen, dürfen wir unsere Familienmitglieder nicht als Gegner betrachten, sondern als Komplizen.

Das ist aber oft gar nicht so leicht, wenn sich die Eltern über Geld streiten, das Schulkind heimlich am Tablet spielt oder niemand weiß, wo der Autoschlüssel schon wieder hin ist.

Unverwüstliche Kinder

1955 startete die amerikanische Entwicklungspsychologin Emmy Werner eine Studie mit siebenhundert Kindern auf Hawaii. Sie begleitete die Kinder, alle auf der schönen Insel Kauai geboren, über vierzig Jahre lang und befragte sie immer wieder nach ihren Lebensumständen. Etwa ein Drittel dieser Kinder wuchs in einem Umfeld auf, das wir heute als äußerst prekär bezeichnen würden: Ihre Eltern waren wenig gebildet, arm und häufig auch krank, die Kinder wurden vernachlässigt und erfuhren Gewalt in der Familie bis zur Misshandlung.

Wer sich mit Resilienz beschäftigt, stößt unweigerlich auf diese sogenannte Kauai-Studie. Die Frage lautete: Entwickeln sich Kinder anders, wenn sie bestimmten Risikofaktoren ausgesetzt sind? Man könnte ja auch annehmen, dass es allein am Charakter des Kindes liegt, wie es sich als Erwachsener im Leben schlägt.

Werner beobachtete »ihre« Kinder daher über vierzig Jahre hinweg. Erwartungsgemäß stellte sich heraus, dass die »Hochrisikokinder« häufiger straffällig wurden, häufiger krank waren und weniger Erfolg im Beruf hatten. Aber nicht alle! Etwa ein Drittel dieser Kinder führte trotz ihrer belasteten Kindheit ein völlig normales Leben. Sie gingen aus ihren Risikobedingungen scheinbar unbeschädigt hervor. Wie konnte das sein?

Emmy Werner schlussfolgerte, dass diese Kinder besondere Widerstandskraft hatten gegen die Umstände, unter denen sie aufwuchsen. Sie nannte diese Kinder »resilient«. Werner war Amerikanerin, und so sehr sich das Englische eingebürgert hat, finden wir in diesem Fall doch, es lohnt sich, das Wort »resilient« einmal ins Deutsche zu übersetzen. Es bedeutet so viel wie: belastbar, rückfedernd, unverwüstlich, elastisch. Was war es, das Werners resiliente Kinder nach Krisen zurückfedern ließ? Wie konnten sie noch vierzig Jahre später gesünder und glücklicher durchs Leben gehen?

Viele Menschen kennen das Wort »Resilienz« für die Widerstandskraft einer einzelnen Person, die Fähigkeit, auch unter widrigen Umständen zu gedeihen und etwas Gutes daraus zu ziehen. Resiliente Kinder haben bestimmte Eigenschaften, die sich im weiteren Leben als ungemein günstig erweisen. Ihr Weltbild ist positiver und sie sind handlungsfähiger und optimistischer als Kinder, die mit Belastungen nicht so gut fertiggeworden sind. Die Psychologen Robert Brooks und Sam Goldstein schreiben in ihrem *Resilienz-Buch*: »Resiliente Kinder (...) wissen, dass sie wertgeschätzt werden. Sie haben gelernt, sich realistische Ziele zu setzen und realistische Erwartungen zu hegen. Sie haben die Fähigkeit zur Problemlösung und Entscheidungsfindung entwickelt und betrachten (...) Fehler, widrige Umstände und Hindernisse eher als Herausforderungen, denen man sich stellen muss, und nicht als Belastungen, denen man besser aus dem Weg gehen sollte.«[1]

Emmy Werner identifizierte mehrere sogenannte Schutzfaktoren für Resilienz, die durch die Bielefelder Invulnerabilitätsstudie 1999 bestätigt wurden: Zum einen haben resiliente Kinder in der Regel eine feste Bezugsperson, zu der sie eine enge Bindung haben. Diese Person kann auch außerhalb der Familie sein. Außerdem sind sie motiviert, etwas zu leisten, haben ein positives Selbstwertgefühl und realistische Zukunftsperspektiven.

JULIA: Darf ich hier kurz einhaken? Ich finde den letzten Punkt unglaublich wichtig: realistische Zukunftsperspektiven. Wir alle kennen Geschichten von Leuten, die behaupten, dass sie gern Schriftsteller, Schauspieler, Musiker und so weiter geworden wären, ihre Eltern aber darauf bestanden hätten, dass sie »etwas Richtiges« lernen. Heute scheint es mir, als schlüge das Pendel ein wenig zu weit in die andere Richtung aus. Bei aller Liebe zum Griff nach den Sternen, bei allem »Tu das, wofür du brennst«, muss das Ganze doch realistisch bleiben, damit ein Mensch zufrieden sein kann.

NICOLA: Da bin ich ganz deiner Meinung. Außerdem müssen Kinder ab einem gewissen Alter auch erfahren, was es bedeutet, Schauspielerin, Musiker oder Prinzessin zu sein. Sie haben – wie übrigens viele Erwachsene – gar keine Vorstellung, dass Schauspieler vor allem warten, lange und hart arbeiten, sich ständig von anderen bewerten lassen müssen, dass Musiker oft kein Familienleben haben, weil sie am Wochenende und abends immer weg sind, und dass Prinzessinnen weder mit den Fingern essen noch pupsen dürfen. Wir sollten die Träume unserer Kinder immer respektvoll behandeln, und natürlich diskutieren wir mit einem Sechsjährigen nicht über die schlechte Bezahlung der Piloten bei Billig-Airlines. Aber wenn sie älter werden, darf es schon ein Schuss Realität sein, indem man die Dinge mal gemeinsam zu Ende denkt und sich darüber klar wird, dass jedes JA zu etwas auch ein NEIN zu etwas anderem ist (das habe ich von dir gelernt, Julia!).

Also fragen wir das Kind in so einem Fall: Was macht eigentlich ein Musiker? Ist es dir so wichtig, Musiker zu werden, dass du bereit bist, mehrere Stunden am Tag zu üben? Und wir sagen immer auch klar, dass man die Dinge ja auch nacheinander machen kann – man kann erst mal schauen, ob man Musiker sein will, und dann immer noch Mathe studieren (liegt im Gehirn ja nah beieinander) – und dass es einen riesigen Unterschied macht, als Hobby in einer Band zu singen oder professioneller Sänger zu sein und damit Geld verdienen zu müssen.

Womit wir bei einer anderen Facette des Resilienz-Schirms angelangt wären: der Motivation, Leistung zu erbringen. Leistung ist im Zusammenhang mit Kindern oft nicht gerade positiv konnotiert. Leistung klingt nach Druck, Zwang, Drill. Dabei muss das gar nicht so sein. Leistung hat etwas mit Selbstwirksamkeit zu tun. Leistung hat auch etwas damit zu tun, sich in der Gruppe zu orientieren. Leistung per se ist etwas ganz Großartiges und Befriedigendes. Wer schaut nicht gern auf eine bewältigte Aufgabe und denkt: »Wow, das habe ich geschafft.« Leistung muss auch bei Kindern nichts mit Druck und Zwang zu tun haben. Das hat sie nur dann, wenn sie von außen, also rein extrinsisch, motiviert ist. Aber aus sich selbst heraus, intrinsisch motiviert, bewegen und bewältigen Menschen gern Dinge. Man darf sie bloß nicht daran hindern.

Die Psychologen Richard Ryan und Edward Deci formulierten vor über dreißig Jahren erstmals ihre Selbstbestimmungstheorie, zu der sie seither forschen und veröffentlichen. Sie unterscheiden mehrere Stufen von Motivation zwischen selbstbestimmt und fremdbestimmt, wobei die komplette Selbstbestimmung in der Regel den Wettbewerb gewinnt, sowohl was die Lebensfreude als auch was die Leistung selbst angeht. Verkürzt stellen sich diese Stufen so dar:[2]

Motivation	Fremdbestimmt	Eher fremdbestimmt	Eher selbstbestimmt	Selbstbestimmt
Regulation	Nur äußerlich (extern)	Von außen eingegeben (introjiziert)	Von außen gekommen, aber zu eigen gemacht (identifiziert)	Aus sich selbst heraus (integriert)
Wichtige Steuerungsprozesse	Belohnung, Strafe, Verführung, Zwang, äußerer Druck	Vermeidung von Schuldgefühlen oder Angst, Verstärkung des Selbstwertgefühls, Entwicklung von Stolz	Ziel oder Regulierung wird persönlich für wichtig oder wertvoll erachtet	Intrinsisch (Aktion selbst ist interessant oder bereitet Freude) oder zumindest völlig freiwillig. Ziel oder Regulierung sind in das Selbstgefühl integriert

Die Selbstbestimmungstheorie erklärt zum Beispiel, warum wir beide eigentlich kein Lob mögen und keine Hausaufgabensternchen oder Zahnputzglitzeraufkleber verteilen – und warum wir es dennoch manchmal gar nicht so blöd finden. Doch dazu später.

JULIA: Es waren diese Sommertage, an denen es eigentlich zu heiß ist, um irgendetwas zu tun. Entsprechend herrschte hier ziemlich faule Ferienlaune – und zwar so faule, dass es mir irgendwann schwerfiel, diese Faulheit noch auszuhalten. Ich hing schließlich auch nicht den ganzen Tag nur rum. Ich schrieb ein Buch und kümmerte mich ums Essen und um das Haus … und überhaupt. Es war nicht ganz einfach, diese innere Unruhe zu bändigen. In mir tobte … was eigentlich? Kontrollverlust? Irgendwelche alten Prägungen, dass Faulheit ganz und gar verboten ist? Es waren Ferien, herrje! Trotzdem fand ich die Lethargie im Kinderzimmer schrecklich. Aber wie immer änderte sich die Situation in exakt dem Augenblick, als ich dachte, es keine Sekunde länger aushalten zu können. Eines Mittags kam mein Achtjähriger fröhlich in die Küche gehopst und verkündete, er werde jetzt aus den Resten der Terrassenbretter eine Gartenliege bauen. Er hatte eine Zeichnung mit Maßen dabei, alles war durchgeplant. (Von wegen faul! Hinter der geschlossenen Kinderzimmertür war konzentriert gearbeitet worden.) Ich schaute also auf die Zeichnung und sagte: »Bist du dir sicher, dass das mit den Maßen so hinhaut?« »Ja.«

Und dann baute er. Ab und zu musste ich festhalten, ab und zu musste ich auch beim Festhalten sehr tief und entspannt atmen (Kreissägen und ich sind keine Freunde), aber den Großteil der Arbeit erledigte er allein. Bei 32 Grad, zwei volle Tage lang. Es war kaum Zeit für was anderes, schließlich musste eine Liege gebaut werden. Selten habe ich ein so glückliches Kind gesehen wie das, dem ich dann auf der brandneuen Liege im Schatten einen Orangensaft servieren konnte.

Kinder leisten selbstbestimmt und freiwillig ganz Erstaunliches. Und zwar nicht nur, was kreative Unternehmungen angeht, sondern auch, wenn es die Emotionen betrifft.

NICOLA: Wenn mein Sohn schlechte Laune hat, spielt er Klavier. Er hat irgendwann beschlossen, dass er Klavier lernen will. Wenn er schlechte Laune hatte, drosch er immer ziemlich drauf herum. Irgendwann habe ich ihm gesagt: »Hey, ich finde es cool, dass du Klavier spielst, wenn du dich ärgerst. Mir hilft das nämlich auch. Darf ich zuhören?« Und habe mich danebengesetzt. Es war schrecklich. Schrecklich laut vor allem. Ich hätte sagen können: »Hör auf, so auf dem Klavier herumzuhauen, du machst uns alle verrückt!!!« Aber an dem Tag war ich klüger. Ich ließ ihn, ich blieb einfach nur da. Irgendwann haben wir dann angefangen, darüber zu sprechen, was einen beruhigt und was nicht, welche Musik einem hilft und welche nicht. Und seitdem, wenn schlechte Stimmung ist, geht er ans Klavier und verkündet: »Ich geh Klavier spielen, dann geht es gleich allen besser.« Dann haut er fünf Minuten schrecklich in die Tasten, nur um dann entweder sein Notenbuch zu holen, zu improvisieren und Stücke zu spielen, oder er übt den Soundtrack von *Fluch der Karibik*, den wir alle lieben, und ist hinterher wie ausgewechselt. Und wir auch.

Was Eltern resilienter Kinder richtig machen

Noch einmal zusammengefasst sind die Schutzfaktoren für Resilienz also:

- feste Bezugsperson
- Motivation, Leistung zu erbringen
- positives Selbstwertgefühl
- realistische Zukunftsperspektiven

Brooks und Goldstein, die sich auf Resilienz spezialisiert haben, geben Eltern zehn Wegweiser an die Hand, wie sie diese Schutzfaktoren erreichen. »Vielleicht sehen sie im ersten Augenblick aus wie (…) etwas, das sozusagen auf der Hand liegt und das die meisten vernünftigen Eltern ohnehin befolgen würden. Aber (…) auch die Grundsätze und Praktiken effizienten Elternverhaltens, die ›auf der Hand liegen‹, müssen immer wieder überdacht und reflektiert werden, damit wir das wirklich Wichtige nicht aus den Augen verlieren.«[3] Was also machen Eltern resilienter Kinder richtig?

Sie sind empathisch

»Viele Eltern glauben zwar, einfühlsam zu sein, die Erfahrung zeigt aber, dass diese Einfühlung uns leichter fällt, wenn unsere Kinder tun, was wir sie zu tun gebeten haben, wenn ihre Unternehmungen ihnen gelingen und wenn sie lieb und zugänglich sind«, schreiben Brooks und Goldstein.[4] Hand aufs Herz: Wer fühlt sich hier nicht ertappt? Wirkliche Empathie sieht aber anders aus. Es bedeutet, dass man sich wirklich vorstellen kann, wie man sich in der Situation des Kindes fühlen würde. Eine gute Möglichkeit, unser auf Erwachsene programmiertes Gehirn auszutricksen, ist, sich anstelle des Kindes einen Erwachsenen vorzustellen. Bei erwachsenen Freunden sind wir manchmal viel eher geneigt, nicht wertende oder richtende Hilfen zu geben als bei Kindern.

Sie äußern sich klar und hören aktiv zu

Was bedeutet das? Letztlich nichts anderes als bewusste, aufrichtige Kommunikation auf Augenhöhe. »Lass mal, blöde Idee« ist für ein Kind tausendmal hilfreicher als eine halbherzige Erklärung darüber, dass sich dies oder jenes nicht gehört. Klare Äußerungen können ebenso umfassen »Ich liebe dich unglaublich« wie auch »Es tut mir leid, dass ich vorhin rumgemeckert habe« – was auch immer gerade anliegt, nur eben geradeheraus und ohne Umwege, damit das Kind weiß, woran es ist. Die andere Seite ist aktives Zuhören, was eine ganz eigene Kunst für sich ist. Es bedeutet, wirklich da zu sein, und sei es nur einige Minuten. Nicht im Hinterkopf übers Mittagessen, den Streit im Büro oder die letzten Posts auf Instagram nachzudenken. Wirklich zuzuhören, auch wenn einen die Geschichten darüber, wer in der Schule mit wem gestritten hat (oder welcher YouTuber was gesagt hat), nicht interessieren. Das Kind teilt einem ja damit etwas über sich selbst mit – und das verdient Aufmerksamkeit, die gegebenenfalls auch durch zustimmendes Nicken dokumentiert wird. (Und für die Eltern von Vielquatscherkindern: Ehrliche Kommunikation bedeutet auch zu sagen: »Ich merke, dass ich gerade nicht richtig zuhören kann. Merk dir, was du sagen wolltest, und erzähl es mir nach dem Abendessen, ja?«)

Sie wandeln »negative Skripte« ab

Mit negativen Skripten meinen Brooks und Goldstein das, was Nicola »Benutzerfehler« nennt. Manchmal stecken Eltern in einer Situation fest, in der sie über Monate und Jahre denselben Fehler machen und das nicht bemerken, sei es, dass sie sich wünschen, dass das Kind sein Zimmer aufräumt, bestimmte Haushaltspflichten erfüllt, nicht mit der kleinen Schwester streitet oder was auch immer. »Ich hab dir schon tausendmal gesagt« und »Hörst du mir eigentlich zu?« helfen da nicht weiter, weil ihnen a) die Empathie fehlt und sie b) immer von derselben Grundannahme ausgehen, die seit Jahren nicht funktioniert: dass das Kind sich in irgendeiner Weise ändern müsse. Negative Skripte abzuwandeln bedeutet nicht, dass das Kind (um im Beispiel zu bleiben) von nun an ungestört die kleine Schwester mobben darf. Es bedeutet nur, sich ins

Kind einzufühlen und andere, kreativere Lösungswege zu suchen als die, die bisher fehlgeschlagen sind.

Sie wertschätzen und lieben ihr Kind um seiner selbst willen

Tun wir das nicht alle? Ja, vielleicht. Aber für das Kind sieht es nicht immer so aus. Für manche Kinder wirkt es so, als würden sie nur geliebt, wenn sie gut und brav sind. Deswegen ist es zwischendurch gut, sich nicht nur selbstverständlich darüber klar zu sein, dass »stille Stühle«, »Auszeiten« und andere auf Trennung angelegte Disziplinarmaßnahmen aus dem letzten Jahrhundert stammen und verschrottet gehören, sondern auch, sich gezielt Zeit für das einzelne Kind zu nehmen, die nur ihm gehört. Zeit, in der es nichts Wichtigeres gibt als das Kind. Nicht das Telefon, nicht die furchtbar dringende SMS eines Kollegen, nicht mal das Klo.

Sie akzeptieren ihr Kind mit seinen Fähigkeiten und helfen ihm, realistische Ziele zu formulieren

Wir alle haben Superkinder, das ist klar. Hochbegabt, hochsensibel, super sportlich oder unglaublich kreativ. Trotzdem ist es klüger, das Kind ohne diese Filter zu sehen. »Zu den schwierigsten Aufgaben der Eltern gehört es, das angeborene und einmalige Temperament ihres Kindes zu akzeptieren«, schreiben Brooks und Goldstein. »Manche Kinder kommen mit einer ›einfachen‹ Veranlagung auf die Welt, andere sind ›schwierige‹ Temperamente, und wieder andere sind schüchtern oder vorsichtig.«[5] Eltern, die sich nicht über die Leistung ihrer Kinder definieren, leben glücklicher – und die Kinder entspannter.

Sie unterstützen ihr Kind, dort Erfolg zu haben, wo seine Stärken liegen

Andi ist ein stiller, zarter Junge, der keinerlei Verständnis für Mathe hat, aber beeindruckend malen und zeichnen kann. Fred fehlt ebenfalls das Mathegen, aber er ist gut in Sprachen und hat eine starke Präsenz auf der Bühne. Lisa will Tierärztin werden, wird es aber vermutlich nicht aufs Gymnasium schaffen. Amelie kann sich in alle Menschen einfühlen, aber leider nicht besonders gut konzentrieren. Und so weiter.

Muss Andi jetzt sofort einen Malkurs und Fred eine Schauspielschule besuchen? Braucht Lisa Nachhilfe und Amelie Ergotherapie? Vielleicht. Vielleicht auch nicht. Kinder probieren viel aus, sie probieren auch viele Rollen aus, und es mag nicht unbedingt sinnvoll sein, gleich ein Pferd zu kaufen, weil die Probestunde beim Voltigieren so viel Spaß gemacht hat. Hier ist Achtsamkeit gefragt. Die beste Förderung ist oft: einfach da sein und auf Nachfrage überlegen, wie bestimmte Interessen gefördert werden können. Und dabei auf Grenzen achten.

Sie leben Fehlertoleranz vor

Fehlertoleranz vorzuleben fängt bei ganz kleinen Sachen an. Jemand verschüttet Saft – okay, wo ist der Lappen? Unaufgeregt, ohne Schuldzuweisung. Fehler passieren, Fehler sind menschlich, und aus Fehlern lernt man. In dem Beispiel mit dem verschütteten Saft lernt ein Kind vor allem Emotionen: einen gelassenen Fokus auf der Lösungsfindung und die Sicherheit, dass es immer geliebt ist, ganz egal, was ihm für Missgeschicke passieren.

Sie fördern Mitbestimmung und Teilnahme

Kinder lieben es, sich einzubringen, nützlich zu sein, an der »Erwachsenenwelt« teilzuhaben – und sich für das Ganze verantwortlich zu fühlen. Verantwortlich fühlen hat etwas mit Augenhöhe zu tun. Wenn Kinder »im Haushalt helfen«, ist das, wenn man es genau betrachtet, genauso absurd, wie wenn der Mann »mit den Kindern hilft«. Wer zusammen isst und Dreck macht, kann auch zusammen dafür sorgen, dass die Küche nachher wieder sauber ist (immer altersgemäß natürlich).

Sich verantwortlich zu fühlen hat auch etwas mit Freiwilligkeit zu tun (siehe intrinsische Motivation). In dem Augenblick, wo man etwas tun muss, ohne den Sinn zu sehen, fühlt man sich nicht mehr dafür verantwortlich. »Du musst jetzt helfen« (weil das pädagogisch wertvoll ist) ist etwas grundlegend anderes als: »Wir haben hier diese gemeinsame Aufgabe, danach können wir vorlesen. Los, wer macht was?« Der zweite Ansatz führt auch eher dazu, dass das, was die Kinder tun, wirkliche Hilfe ist.

Mitbestimmung und Teilnahme fängt im Kleinen an und kann im Großen weitergehen, wenn Kinder erleben, wie sich die Erwachsenen in ihrem Leben freiwillig für etwas einsetzen.

Sie zeigen ihrem Kind, wie man Probleme lösen und Entscheidungen treffen kann

»Optimistische und resiliente Kinder mit einem ausgeprägten Selbstwertgefühl sind überzeugt, dass sie ihr Schicksal selbst gestalten und über ihr Leben selbst bestimmen können.«[6] Große Worte von Brooks und Goldstein, aber das fängt ganz klein und praktisch an. Mithilfe unserer beiden Musterfamilien veranschaulichen wir die Geisteshaltung, die hinter diesem Punkt steht.

Familie eins: »Mama? Papa? Ich komm hier nicht weiter.« – »Na ja, dafür bist du ja auch noch zu klein. Komm, ich mach das schnell für dich. Oder weißt du was? Lass es einfach.«

Familie zwei: »Mama? Papa? Ich komm hier nicht weiter.« – »Oh, spannendes Projekt. Wo genau kommst du nicht weiter?« – »Na, hier.« – »Okay, welche Möglichkeiten hast du denn schon ausprobiert?«

In Familie zwei wird dem Kind nicht die Fähigkeit abgesprochen, eine Lösung für sein Problem zu finden oder eine Entscheidung zu treffen, sondern es wird Schritt für Schritt an der Hand genommen und sozusagen durch den Lösungsprozess geführt – und kann diese Vorgehensweise dann später auch bei größeren Problemen anwenden.

Sie setzen Regeln und Vorschriften, um Selbstwertgefühl und Selbstdisziplin zu fördern

Oh, oh. Regeln setzen? Vorschriften verhängen? Klingt das nicht ganz furchtbar nach alter autoritärer Elternschule? Brooks und Goldstein schreiben: »Um Kinder zu resilienten Persönlichkeiten erziehen zu können, müssen Eltern begreifen, dass es zu ihren wichtigsten Aufgaben gehört, Disziplinierer im eigentlichen Sinn dieses Wortes zu sein. Das Wort Disziplin hängt mit dem lateinischen Wort für Schüler ›discipulus‹ zusammen, hat also mit Unterweisung zu tun. Wir müssen akzeptieren, dass wir, je nachdem, wie wir unsere Kinder ›disziplinieren‹, deren Selbstwertgefühl, Selbstkontrolle und Resilienz sowohl fördern als auch schwächen können.«[7] Es geht letztlich nur darum, Kindern vorzuleben und zu vermitteln, dass man zum Beispiel für sein Verhalten einsteht, dass Familien gemeinsam überlegen, welche Regeln gelten sollen und wie man Verstöße gegen diese Regeln »ahndet« – und zwar respektvoll und gemeinsam.

Widerstandsfähige Familien

> Resilienz. Das ist nicht etwas, das wir allein im Dunkeln aufbauen. Es ist ein unterstützter Prozess der Auseinandersetzung mit einer Umwelt, die es uns ermöglicht, unsere Kapazitäten voll auszuschöpfen.
>
> Michael Unger

In unserer Beispielfamilie zwei gehen nicht nur die einzelnen Mitglieder gestärkt und guter Dinge aus der Krise hervor, sondern auch das ganze System ihrer Familie wird dadurch kräftiger. Die Bindungen werden stärker, das Vertrauen ineinander größer. Resiliente Familien haben keine (oder zumindest weniger) Angst vor Problemen und Herausforderungen, weil sie wissen, dass sie am Ende stärker daraus hervorgehen.

Eine der führenden Autoritäten in diesem Bereich ist die Psychologin Froma Walsh, emeritierte Professorin der Universität Chicago. Sie beschreibt Familienresilienz als die Fähigkeit einer Familie, »zerstörerischen Herausforderungen des Lebens« zu widerstehen beziehungsweise aus solchen Krisen gestärkt und umso erfindungsreicher hervorzugehen.[8]

Walsh weist darauf hin, dass es nicht nur darum geht, Schwierigkeiten irgendwie durchzustehen, sondern was resiliente Familien auszeichnet ist, dass sie an Herausforderungen wachsen. Krisen dienen ihnen sozusagen als Katalysatoren für das eigene Wachstum, sei es, indem sie die Bindungen in der Familie stärken oder den einzelnen Familienmitgliedern Werkzeuge zur Problembewältigung an die Hand geben.

»Wer könnte nicht gern den unvermeidlichen Herausforderungen im Leben mit Anmut entgegentreten? Aber wie baut man die Ressourcen für Resilienz (...) auf? Mit der Magie der kleinen Alltagsdinge, so scheint es. Ein Gespräch hier, eine Tätigkeit dort. Wort für Wort, Bindung für Bindung, füllen Familien ihre Quellen mit Stärke und Weisheit, Hoffnung und Kreativität«, schreibt Dr. Marianna Pogosyan in *Psychology Today*.[9]

Walsh hat in ihrer Arbeit neun Faktoren identifiziert, die sie in resilienten Familien in unterschiedlicher Ausprägung und Zusammensetzung immer wieder gefunden hat. Sie hat sie in den drei großen Gruppen Glaubenssätze, Organisation und Kommunikation zusammengefasst.

Glaubenssätze: Das Warum

Glaubenssätze sind laut Walsh »Herz und Seele der Familienresilienz«. Vielleicht passt für den deutschen Sprachgebrauch das Wort »Werte« besser, weil das Spirituelle bei uns nicht die Bedeutung hat wie in der amerikanischen Gesellschaft.

Ähnliche Werte, ähnliche Philosophien und vielleicht auch eine ähnliche Vorstellung vom Göttlichen schenken innerhalb der Familie ein **Gefühl von Sinn** (*Meaning*). Wenn Familienmitglieder diese Themen miteinander teilen, haben sie es leicht, eine gemeinsame, **positive Zukunftsausrichtung** (*Positive Outlook*) zu entwickeln, die durchaus an ein **Gefühl von Spiritualität** (*Spirituality*) im weitesten Sinne gebunden sein kann.

Organisation: Das Wie

»Organisation« bezieht sich weniger auf die äußeren Strukturen einer Familie als auf die inneren. Es geht um gegenseitigen Respekt und Unterstützung. Wenig verblüffend ist, dass Walsh **Verbundenheit** (*Connectedness*) in der Familie ebenfalls als der Familienresilienz zuträglich erkannt hat. »Resiliente Familien besitzen sowohl **Flexibilität** (*Flexibility*) als auch Stabilität – sie sind offen für Veränderung, bleiben dabei aber nährend und zuverlässig.«[10]

Wie wichtig ein **zuverlässiges soziales Netz** (*Networks* – wir nennen das Bindungsdorf oder Clan) für Eltern kleiner Kinder ist, haben wir unter anderem in *Slow Family* beschrieben. Aber es ist tatsächlich auch gut für die Resilienz einer Familie. Die Verbundenheit ermöglicht resilienten Familien Sicherheit und Zusammenarbeit in der Familie und im Bindungsdorf.

Das ist nicht weiter verwunderlich: Haben wir doch bei der Familienbedürfnispyramide gezeigt, wie sehr in Familiensystemen die verschiedenen Stufen der Pyramide voneinander abhängen und einander bedingen.

Kommunikation: Das Was

»Kommunikation« ist der letzte große Bereich, den Dr. Walsh als essentiell für resiliente Familien identifiziert hat – auch hier keine große Überraschung. In resilienten Familien herrscht eine offene, tolerante, ermutigende und *klare Kommunikation* (*Clear Communication*). Sowohl *Gefühle* (*Emotions*) als auch Meinungen werden im Idealfall frei ausgedrückt und fördern so eine Einstellung, bei der der Fokus auf der *Problemlösung* liegt (*Problem-Solving*) – und nicht auf der Suche nach einem möglichen Schuldigen.

Ja, aber, ... fragt sich jetzt vielleicht die eine oder andere, was ist denn, wenn das bei uns nicht so ist? Wenn wir in unserer Familie keine gute Redekultur haben, keine großen Philosophen sind oder eher Angst vor Veränderungen haben, als sie zu begrüßen? Was ist, wenn ein Elternteil stur beharrt auf »Wer war das« statt auf »Wie kriegen wir das wieder hin«?

Die Kunst des Möglichen

Hier würden wir gern etwas aufnehmen, was wir in *Slow Family* geschrieben haben: Stresst euch nicht damit, euch nicht zu stressen! In diesem Fall: Schwächt euch nicht durch den Gedanken, in einem Bereich nicht stark genug zu sein! Jeden Tag ein bisschen reicht.

Walshs Erkenntnisse sind keine Checkliste, kein Wettbewerb. Es sind einfach Faktoren, die starke Familien in unterschiedlicher Ausprägung immer wieder zeigen. Sie schlägt vor, die Kunst des Möglichen zu meistern: zu verstehen, dass es Dinge gibt, die sich nicht ändern lassen, und die Energie darauf zu lenken, was man ändern kann.

Die Resilienz-Faktoren können vielleicht als Anregungen dienen, auf den einen oder anderen Bereich mehr Aufmerksamkeit zu legen, Schrittchen für Schrittchen, in liebevoller, achtsamer Weise. (Wir warnen an dieser Stelle ausdrücklich vor einem »Schatz, rede gefälligst offen und klar über deine Gefühle, damit die Kinder das lernen!«.)

Familienresilienz ist, ebenso wie individuelle Resilienz, nichts, was auf immer und ewig in Stein gemeißelt sein muss, und alles, was wir euch in diesem Buch vorschlagen, hat damit zu tun, sie zu fördern. Dass das möglich ist, sagte Froma Walsh im Interview mit *Psychology Today*: »Früher beinhaltete die Idee der starken Familie einen Satz von Eigenschaften: entweder hatte man sie oder eben nicht. Aber Familien gibt es mit ganz verschiedenen Werten und Strukturen, und das, was wichtig ist, ist, wie sie miteinander interagieren, wie sie sich gegenseitig unterstützen. In meiner Forschung habe ich herausgefunden, dass nicht nur ›normale‹ Familien Resilienz zeigten, sondern auch solche, die harte Zeiten durchgemacht hatten.« Neben einigen weiteren war ihr vor allem auch dieser Punkt noch wichtig zu erwähnen: »Resilienz kann an jedem Punkt im Leben aufgebaut werden, selbst in den verwundbarsten Familien.«[11]

Wir finden, dass das Mut machende Worte sind. Und wenn wir immer wieder die Erfahrung machen, dass wir Schwierigkeiten bewältigen können, macht uns das auch freier. Wir sind dann freier, unsere Kinder fliegen zu lassen. Ihnen Raum zu geben. Weil wir wissen, dass ein Fehler, ein Misserfolg oder eine Fehlentscheidung nicht das Ende sein werden. Wir können riskieren, falsch abzubiegen, weil wir an den Konsequenzen nicht zerbrechen werden. Es tut gut, sich das klarzumachen, wenn wir unsere Kinder loslassen zur ersten Busfahrt, zur ersten Übernachtung, zur ersten Klassenfahrt.

UNSER NORDSTERN: GEMEINSAM, EHRLICH, FAIR

Mein Job ist es,
Menschen Hoffnung zu geben.
Jane Goodall

Wer sich hinausbegibt in die wilde Welt, der braucht Orientierung, keine Frage. Zu allen Zeiten haben Reisende auf der nördlichen Hemisphäre zu diesem Zweck am Nachthimmel nach Polaris Ausschau gehalten, dem Nordstern. Seefahrer auf dem Meer brauchten ihn ebenso wie Wanderer, die sich durch unwegsames Gelände und dichte Wälder arbeiteten.

Natürlich bewegen wir uns in der Regel nur durch den metaphorischen Dschungel der Zwischenmenschlichkeit. Für den haben wir kein Navi auf dem Handy, aber auch hier brauchen wir Orientierung. Unser Gehirn braucht eine Orientierung. Es braucht eine Linie, Werte, Überzeugungen, die uns leiten, wenn wir unter Druck sind.

Wir brauchen eine Latte, mit der wir messen können, eine Karte, die uns den Weg weist, ein Mantra, das uns Ruhe bringt. Und das ist unser Nordstern.

Unser Gehirn muss am Tag nämlich Hunderte von Entscheidungen treffen. Es ist viel einfacher, wenn wir ihm eine klare Linie geben. Vielleicht kennt ihr den Effekt: Wenn man selbst einen roten VW-Käfer fährt, sieht man plötzlich überall rote VW-Käfer, die einem sonst nie aufgefallen sind. Wo kommen die auf einmal her? Wenn man schwanger ist, sieht man überall Tragetücher, Kinderwagen und schwangere Bäuche, wer Drillinge in der Familie hat, stellt auf einmal fest, dass die ganze Stadt voller Drillinge ist. Das ist einfach das Prinzip der Ähnlichkeit, das unser Gehirn immer wieder anwirft: Wir sehen das, was wir kennen und was wir sehen wollen.

Einer der Gründe übrigens, warum es so verflucht schwer sein kann, angestammte und ererbte Vorstellungen, Werte und Verhaltensmuster loszulassen. Das mag uns manchmal lästig sein, aber letztlich tut unser Gehirn uns damit einen Gefallen. Überlegt einmal, wie anstrengend das Leben wäre, wenn wir diese voreingestellten Filter nicht hätten! Kleine Kinder sind unter anderem deswegen langsamer als Erwachsene, weil sie jedes Erlebnis erst einmal durch ihre innere Orientierungsmaschine laufen lassen müssen, sie haben viele Automatismen noch nicht drauf, die für Erwachsene selbstverständlich sind.

Jeden Tag strömen Millionen von Reizen auf unser Gehirn ein. Es muss aussortieren, sonst werden wir verrückt. Wir müssen also ausfiltern, was für uns wichtig ist. Welchen Filter wir setzen, hängt von unseren aktuellen Emotionen, unserer Erfahrung, Erziehung und Erwartung ab. Besonders die Erwartung können wir steuern. Wir sehen nämlich oft wirklich nur das, was wir erwarten zu sehen. Den Rest blendet das Gehirn aus, weil es davon ausgeht, dass die Information nicht wichtig ist. Unser Gehirn sucht in der realen Welt außerdem immer das heraus, was unsere bestehenden Ansichten bestätigt. Wenn wir also entscheiden, dass wir das Leben in der Familie gemeinsam, ehrlich und fair gestalten wollen, und uns immer wieder daran erinnern, wird unser Gehirn uns helfen, die richtigen Entscheidungen zu treffen.

Wir können unserem Gehirn aber bewusst sagen, was es sehen soll. Deshalb haben wir die Idee vom Nordstern entwickelt.

Fassen wir es also noch mal zusammen. Aus der Resilienzforschung wissen wir, dass kleine und große Menschen am besten gedeihen, wenn ihnen Herausforderungen zugetraut werden. Wir wissen, dass Kinder mitbestimmen müssen, dass wir ihnen vertrauen müssen, dass sie Halt brauchen. Kinder wünschen sich Eltern, die Zeit für sie haben, die verlässlich sind und die gleichzeitig auch Eltern sind – also auch mal die Führungsrolle übernehmen und »großer Hund« sind, wie Julia in *Slow Family* schreibt.[1]

Sich für das Gute entscheiden

Für den *artgerecht*-Familienkalender hat Julia ein wunderbares Montagsmantra geschrieben, das wir hier wiedergeben wollen: »WYSIWYG« bedeutet bei Computern, dass man genau das auf dem Bildschirm sieht, was man ausgedruckt bekommt: *What you see is what you get.* Wir finden das heute selbstverständlich, aber in den 1980er-Jahren war es eine Revolution.

Heute können wir eine viel wichtigere, viel tiefgreifendere Revolution bei uns zu Hause stattfinden lassen. Denn auch im Familienleben gilt: Das, was du siehst, ist das, was du bekommst.

Das heißt: Wir können uns entscheiden, unsere Kinder wunderbar zu finden – ganz egal, was sie tun.

Das hat nichts mit Fehler-nicht-sehen-Wollen oder rosaroter Brille zu tun, sondern mehr mit gezielter Wahrnehmung. Es gibt Studien darüber, dass Leistungen von Schülern wesentlich besser sind, wenn der Lehrer an den Schüler positive Erwartungen hat. Zwischen Eltern und Kindern ist dieser Effekt noch stärker. Das können wir uns zunutze machen.

Der Trick ist: bewusst hingucken. Gerade in Situationen, die Eltern an ihre Grenzen bringen, lohnt es sich, ein einziges Mal noch deine Kraft zu sammeln, dein Herz weit aufzumachen und dein Kind wirklich zu sehen.

Siehst du, wie sehr es versucht, sein Bestes zu geben? Siehst du, wie klein es noch ist? Siehst du, wie sehr es kämpft, um eine Balance zwischen Harmonie und Autonomie, eigenem Willen und Kooperation zu finden? Siehst du, dass es versucht, in Kontakt zu bleiben, obwohl es müde, hungrig oder frustriert ist?

Je öfter du dir selbst sagst: »Guck, wie entzückend es ist!«, desto mehr wird dein Kind innerlich leuchten und desto kooperativer wird es sich verhalten. Wir können es sogar unseren Kindern sagen, denn wenn sie sich selbst in unseren Augen so sehen, sehen sie sich selbst auch irgendwann so – und verhalten sich entsprechend. Zum Beispiel macht die elterliche Überzeugung, dass ein Kind das mit der Klassenfahrt gut hinbekommen wird, es wahrscheinlicher, dass das tatsächlich so ist. (Wobei wir wie immer im Umkehrschluss *nicht* sagen, dass alle Kinder, die auf Klassenfahrten weinen, klammerige Eltern haben!)

Zurück zum Fokus auf das Gute. Wir sind das – gesellschaftlich gesehen – nicht gewohnt. Unser Gehirn steht unglaublich auf Sensationen. Der Journalist Martin Spiewak hat in der *ZEIT* einen fantastischen Artikel über den sogenannten Negativitätsbias geschrieben, der unsere Wahrnehmung durchtränkt – also den Hang, bei allem das Negative zu sehen. Auf die Frage »Gibt es heute mehr Kriege?« reagiert das Gehirn nicht mit einer gründlichen Recherche im Archiv der Kriegsgeschichte. Es denkt vielmehr schlicht: Habe ich in letzter Zeit häufiger etwas über Kriege gesehen oder gelesen? Die Antwort lautet so gut wie immer: Ja. Erst recht im digitalen Nachrichtenzeitalter, in dem jeder Krieg, jedes Unglück, jede Katastrophe sofort auf unserem Smartphone angezeigt wird.[2]

Und das gilt genauso für die Wahrnehmung von direkteren Gefahren da draußen und auch für das, was wir über unsere Kinder und die anderen Eltern denken. Je häufiger unser Gehirn etwas gefüttert bekommt, desto eher glaubt es das – und desto schwerer fällt es uns, diese Vorstellung loszulassen, ganz egal, was de facto an ihr dran ist oder nicht. (Das ist einer der Gründe, warum wir beide nicht müde werden, immer und immer wieder zu erwähnen, dass die allermeisten Eltern und Kinder glücklich miteinander sind und ihre Sache richtig gut machen. Das entspricht übrigens den Tatsachen.)

Spiewak votiert für einen journalistischen Ansatz, der sich »konstruktiver Journalismus« nennt. Dabei geht es darum, nicht nur sensationsheischend schlechte Nachrichten in die Welt zu rufen, sondern diese in einen sinnvollen Kontext einzuordnen, um das Bild zu vervollständigen. Also nicht nur »Die Kinder heute können schlechter rechtschreiben« inklusive der dazugehörigen Informationen schreiben (wie viel schlechter überhaupt? Und als wann? Und ist die Studie überhaupt belastbar?), sondern diese auch einordnen. Zum Beispiel: Dafür sind sie im kreativen Schreiben besser. »Man kann beklagen, dass immer noch viele Menschen im Elend leben, und dennoch darauf hinweisen, dass ihre Zahl weltweit stetig zurückgeht«, schreibt Spiewak. Oder man könne kritisieren, wenn Städte die Abgaswerte nicht einhielten, müsse dabei aber erwähnen, dass das nicht etwa daran liegt, dass die Luft in den Städten schlechter wird, sondern dass die Grenzwerte strenger geworden sind. Genau dieses Phänomen finden wir in Elternratgebern, Artikeln über Erziehung – in eigentlich allem, was mit Kindern zu tun hat – zuhauf. Nachrichten werden nicht in den entsprechenden

Kontext eingeordnet oder es werden nur ihre reißerischen Schlagzeilen in den sozialen Medien wiedergegeben, und in der Regel wird die Prämisse, ob überhaupt ein Problem da ist, nicht hinterfragt. Wenn wir lesen, »Warum die Welt für Kinder immer gefährlicher wird«, fragen sich die wenigsten Leser: Hey, entspricht das überhaupt der Wahrheit? Wird da gerade ein Fakt genannt?

Julias Sohn hat sich wie viele Kinder eine Zeit lang sehr intensiv mit Zauberei beschäftigt. Das Wichtige beim Zaubern ist das Lenken der Aufmerksamkeit, das Abrakadabra. Während die eine Hand ein Tuch schüttelt und alle Zuschauer sich ganz genau darauf konzentrieren, dass sie – weil sie ja schlau sind – den Trick dabei nicht verpassen und mitbekommen, was genau er da eigentlich mit dem Tuch macht, lässt er die andere Hand in die Tasche gleiten und fördert eine Rose zutage. Oder was auch immer. Das Wichtige ist: Die eigentliche Action ist nicht dort, wo die Aufmerksamkeit hingelenkt wird.

Und das ist beinahe überall in der Welt so. Lassen wir uns nicht vom Abrakadabra einfangen! Ja, es gibt traumatisierte Kinder, ja, es gibt hilflose Erzieher und inkompetente Lehrerinnen. Aber das ist beileibe nicht das Gros. Wenn wir uns dessen bewusst sind, dass die Welt da draußen im Großen und Ganzen besser ist als ihr Ruf, ist es auch leichter, die Kinder in sie hinein zu entlassen.

Gemeinsam sind wir stärker

JULIA: Ich war mal krank, da war mein Sohn vielleicht sieben oder acht Jahre alt, also meinem Gefühl nach zu klein, um den ganzen Tag über selbst auf sich aufzupassen. Gleichzeitig war ich einfach derartig abgeschaltet, dass ich gar nicht anders konnte, als jegliche Kontrolle aufzugeben. Ich lag einfach nur frierend unter meiner Decke auf dem Sofa. Während ich dahinvegetierte, wurde mein Sohn von der alten Dame, die nebenan wohnte, mit Pfannkuchen versorgt, der Opa seines besten Kumpels werkelte mit den Jungs in der Werkstatt. Ich bekam das so am Rande meines Bewusstseins mit, aber ich hätte nicht in irgendeiner Weise Einfluss nehmen können.

Wir haben es andernorts gesagt, und wir sagen es immer wieder: Wir Menschen sind von unserer Biologie her eine kooperativ aufziehende Art. Menschenkinder sind nicht dafür gemacht, dass wir sie allein aufziehen. Natürlich unterscheiden wir uns darin, wie viele andere Leute wir um uns herum haben wollen und mit wem es uns gut geht und mit wem nicht. Es gibt extrovertierte Menschen wie Nicola, die in Gruppen zu voller Stärke erblühen, und introvertierte Menschen wie Julia, die nach einem Tag in der Gruppe drei Tage allein im Wald brauchen. All das ist in seiner Vielfalt in Ordnung.

Aber wenn es hart auf hart kommt, brauchen wir andere. Und sei es nur, um den Fortbestand der Spezies zu sichern und den eigenen Nachwuchs zu füttern, wenn wir das selbst nicht können.

Zu wissen, dass diese anderen da sind, dass sie einem den Rücken freihalten, macht auch das Loslassen der Kinder leichter, denn da draußen sind noch viele Menschen, die das Kind mögen und es im Erwachsenwerden unterstützen: Es ist nicht nur die nette alte Dame, die Pfannkuchen backt, es ist auch die einfühlsame Erzieherin, es ist der engagierte Trainer beim Fußball, die Gruppenleiterin bei der Kinderfeuerwehr und der nette Mathelehrer, der so gut erklären kann.

Menschen leben länger und gesünder, wenn sie in Gemeinschaft leben. Frauen mit engen Frauenfreundschaften haben ein geringeres Sterberisiko. Analysen von Forschern der Brigham-Universität in Utah haben ergeben, dass es schädlicher ist, sich allein und alleingelassen zu fühlen, als zum Beispiel Übergewicht zu haben.[3]

Da sagen wir doch ganz klar: Findet eure Gruppe, einen Clan, euren Tribe und esst zusammen Kuchen! Es muss nicht gleich eine Woche im Zelt mit intensiver Selbsterfahrung sein – Clan ist auch, wenn man sich mit der liebsten Nachbarin ab und an zum Kaffeetrinken verabredet.

Mit anderen Menschen verbunden zu sein ist ein grundlegendes menschliches Bedürfnis. Auch in Deutschland haben wir eine Menge einsame Menschen, das zeigte eine repräsentative Umfrage unter 1039 Menschen zwischen achtzehn und siebzig Jahren, die das Marktforschungsinstitut Splendid Research im Frühjahr 2017 veröffentlicht hat.[4] Und es trifft nicht nur die Alten und Kranken, besonders die Menschen zwischen achtzehn und neunundzwanzig Jahren fühlen sich hierzulande ständig oder häufig einsam (17 Prozent der Befragten). Nur jeder zehnte Deutsche gab an, sich nie einsam zu fühlen.

»Dass karge soziale Beziehungen zum frühen Tod führen können, ist weder bei Gesundheitsbehörden noch in der Öffentlichkeit ausreichend bekannt«, zitiert Werner Bartens in seinem Buch *Was Paare zusammenhält* die Forscherin Julianne Holt-Lunstad.[5] Die Wahrscheinlichkeit, alt zu werden, ist 50 Prozent höher, wenn man in Beruf, Familie und Freizeit von freundlichen Menschen umgeben ist – also einem Clan hat, mit dem man sich auch versteht. So einen Clan zu haben, zu halten oder zu erschaffen, hängt von uns ab. Es hängt davon ab, wie tolerant wir gegenüber anderen sind, wie freundlich wir gegenüber unseren Kindern, unserem Ehepartner und unseren Nachbarn sind, kurz: wie viel Zeit und Energie wir in unsere Gemeinschaft investieren. Ein soziales Netzwerk muss seit jeher gepflegt werden, ob man das wie die !Kung San mit ausgedehnten Geschenk-Beziehungen oder mit gegenseitigen Waldausflügen, Kochnachmittagen oder auf dem Fußballplatz der Nachwuchsmannschaft macht, kann jeder selbst entscheiden. Aber wir brauchen es – als Kinder, als Jugendliche, in der Elternzeit und auch im Alter.

Gleichzeitig kann ein Clan unglaublich anstrengend sein. Nämlich dann, wenn sich Verwandte oder Bekannte in unsere Familienangelegenheiten mischen. Wenn sie Dinge anders sehen und machen als wir oder uns dazu bringen wollen, Dinge so zu machen wie sie. »Ich finde nicht die richtigen Leute«, hören wir oft verzweifelte Eltern sagen. Die Erfahrung zeigt: Die »richtigen« Leute gibt es nicht. Es gibt nur die Menschen um uns herum. Wir müssen uns aus diesem Pool die Menschen suchen, mit denen wir gut klarkommen. Dazu gehört Toleranz. Dazu gehört die Fähigkeit, dem anderen wirklich zuzuhören und seine Bedenken nicht nur anstrengend zu finden. Menschen wollen gar nicht immer recht haben oder uns zum Umdenken bewegen, sie wollen vor allem ernst genommen, gesehen und gehört werden.

Aufrichtig zueinander sein

Es ist gar nicht so leicht. »Mach jetzt, ich habe es eilig, immer trödelst du!« Haben wir es wirklich eilig? Ist es wirklich so schlimm, dass das Kind trödelt? Oder haben wir Angst, dass Tante Lise eingeschnappt ist oder der Ex Stress macht, wenn wir zu spät sind? »Jetzt reiß dich zusammen, sonst gibt es kein Abendbrot!«, herrschen wir das müde Kind im Supermarkt an – aber ist es für uns wirklich ein Problem? Sehen wir wirklich nicht, dass das Kind tut, was es kann, dass es aber einfach schon halb sieben ist und einkaufen keine gute Idee war? Ist es nicht eher so, dass wir die Blicke der Umstehenden gesehen haben und uns verpflichtet fühlen, dem Kind jetzt aber mal eine Lektion zu erteilen, weil wir als Eltern ja schließlich Flagge zeigen müssen?

Brad Blanton schreibt in seinem Buch *Radical Honesty* (Radikale Ehrlichkeit): »Rollen sind wie Kleider, die wir anzuziehen gelernt haben, um uns vor der Kälte zu schützen.« Diese Rollen sind: die Vernünftige, die Strenge, der Durchsetzungsstarke oder der Ruhige. Ohne diese Rollen, hinter denen wir uns verstecken, sind wir nackt, verwundbar, wehrlos. Die gute Nachricht ist: »Die anderen Leute da draußen sind auch nackt unter ihren Rollen«, schreibt Blanton. Leider glauben wir, dass unsere Rollen, unsere Panzer und unsere Abwehrmechanismen überlebenswichtig wären. Dass wir sterben müssten, würde jemand sehen, wie hilflos, überfordert oder wütend wir manchmal sind. Aber wir sterben nicht. Was stirbt, wenn wir uns wirklich zeigen und aufrichtig sind, ist die Rolle, der Panzer, sind die Bilder und Lügen, hinter denen wir uns versteckt haben. Die sterben. Wir hingegen sind plötzlich lebendig. Blanton unterscheidet zwischen drei Ebenen der Aufrichtigkeit oder, wie er sagt, radikalen Ehrlichkeit:

- die Fakten nennen
- ehrlich die aktuellen Gefühle und Gedanken ausdrücken
- die Waffen niederlegen: die Geschichten enthüllen, die wir entwickelt haben, um uns selbst und unsere Geschichte darzustellen

Wir alle haben Geheimnisse. Wir sollten uns selbst nicht so wichtig nehmen und glauben, dass wir die Einzigen mit ein paar Leichen im Keller sind!

NICOLA: Ich war kürzlich auf einem Selbsterfahrungsseminar, auf dem der Leiter uns in Gruppen zu fünf Personen einteilte. Die Aufgabe lautete: Erzähl der Gruppe dein tiefstes, schlimmstes Geheimnis. Ich war schockiert – bitte? Ich hatte nicht vor, mir grässliche Familiengeschichten von fremden Leuten anzuhören. Als wir dann aber im Kreis saßen, war ich erst höchst erstaunt – und dann tief berührt. Denn die Geheimnisse der Menschen waren nicht die Steuerhinterziehung, und keiner hatte jemanden betrogen oder umgebracht. Nein, es waren ganz menschliche Geheimnisse: Niemand weiß, dass ich oft Angst vor Menschen habe. Niemand weiß, dass ich meinen Job hasse. Niemand weiß, dass ich mich oft wertlos fühle und dann andere niedermache, weil ich es sonst nicht ertragen kann. Wer in der Mitte saß und erzählte, wurde oft zu einem kleinen Kind, das am Ende eigentlich im Kern immer wieder die Frage stellte: Liebt ihr mich auch, wenn ich nicht perfekt bin?

Und darauf kommt es in Beziehungen an: uns zu zeigen. Und geliebt zu werden, auch wenn wir nicht perfekt sind. Wir alle haben nämlich Gedanken und Gefühle, die wir den anderen nicht mitteilen. Wenn wir aber wirklich in Kontakt und damit in Liebe sein sollen, dann müssen wir uns vor allem in der Partnerschaft zeigen können. Mit allem, was wir fühlen, mit unseren Ängsten und vor allem mit den Gedankengebäuden, die in unserem Kopf sind, mit unseren Strategien und Panzern. Es kommt nicht darauf an, jemanden damit zu verletzen, dass ich mir herausnehme, ihm ungefragt und ungeniert mal so richtig zu sagen, was ich schon immer gedacht habe: »Oh, das T-Shirt ist aber hässlich, du bist viel zu fett dafür!« Das bringt uns nicht weiter – und es bringt mich mir selbst und dem anderen nicht näher, denn das ist erstens nicht empathisch, zweitens nicht respektvoll und drittens in der Regel ungefragte Beratung.

Die empathische und radikal ehrliche Lösung wäre, unsere Gefühle und Strategien offenzulegen: »Ich bin so sauer auf dich, ich habe das dringende Bedürfnis, dir etwas Gemeines zu diesem T-Shirt zu sagen. Was gestern passiert ist, hat mich verletzt. Ich fühle mich wertlos und ich habe den starken Impuls, dir das eins zu eins zurückzugeben. Ich würde gern mit dir noch mal drüber reden, wie du das gemeint hast.«

Das ist auch gleich die dritte Stufe der Ehrlichkeit: Ich lege meine Waffen nieder. Wenn mein Kind zu mir sagt: »Du bist doch gar nicht sauer, du hattest nur einfach Angst und jetzt meckerst du mich deswegen an«, dann hat es nicht selten recht. Und dann kann ich ehrlich sein: »Ich habe gar nicht mit dem Abendessen gewartet.« Ich kann meine Gefühle darlegen: »Ich hatte wohl doch mehr Angst um dich, als ich dachte«, und ich kann meine Strategien öffnen: »Und ich gestehe, dass es leichter ist für mich, jetzt zu meckern, um meine Angst loszuwerden, als zu weinen – und nach Weinen wäre mir eigentlich gerade.«

Grundschulkinder können das nicht nur gut verstehen. Sie lernen es auch gleich mit.

Fair währt am längsten

Wikipedia zufolge bedeutet Fairness »anständiges Verhalten sowie eine gerechte und ehrliche Haltung gegenüber anderen Menschen. In Spiel und Sport bedeutet es, sich an die Spielregeln zu halten und damit Anstand und Gerechtigkeit zu wahren. Regeln der Fairness setzen auf einen Konsens und gleiche Bedingungen für die beteiligten Menschen«.

Wie verhält man sich aber in der Familie fair? Fair heißt vor allem, dass wir als Eltern nicht mit unfairen Mitteln kämpfen. Dass wir nicht Dinge behaupten, die die Kinder nicht prüfen können, die nicht wahr sind, die uns das Leben aber einfacher machen. Es gibt eine schöne Geschichte, die Gandhi zugeschrieben wird:

Eines Tages brachte eine Mutter ihren Sohn zu Gandhi. Dem hatte der Arzt jegliche Süßigkeiten und überhaupt das Essen von Zucker verboten, andernfalls sei sein Leben in Gefahr. Da der Junge aber nicht aufhören wollte, Süßes zu essen, und weiter täglich Leckereien aß, hoffte die Mutter auf Gandhis Hilfe. Als sie zu ihm kamen, hörte er ihr zu und erklärte dann: »Im Moment kann ich nichts für euch tun. Kommt in zwei Wochen noch einmal vorbei.« Als sie wieder bei ihm vorsprachen, nahm Gandhi den Jungen zur Seite und unterhielt sich längere Zeit mit ihm. Seit diesem Tag rührte das Kind schlagartig nichts Süßes mehr an. »Gandhi, wie hast du das gemacht?«, fragten ihn seine Jünger. »Ganz einfach«, antwortete er. »Ich habe mich selbst zwei Wochen lang von allem Zucker enthalten, und als ich dann mit dem Jungen sprach, wusste ich, was das bedeutet, und konnte die richtigen Worte finden.«

Wer kennt das nicht? Die Kinder sollen nicht so viel Schokolade essen, aber wir sitzen abends mit zwei Tafeln vor dem Fernseher. Da hilft es auch nicht, wenn es Fairtrade-Öko-Schokolade ist. Das ist nicht gerecht. Die Kinder sollen ihre Lust zügeln, aber wir tun es nicht. Wir haben uns selbst schon oft genug dabei ertappt – mit der inneren Rechtfertigung, dass wir ja auch deutlich mehr Stress haben als die Kinder oder älter sind oder uns öfter die Zähne putzen. Aber ist das fair?

Oder wir sagen: »Schau nicht so viel aufs Handy!«, aber wir checken ständig unsere Nachrichten – ist das gerecht, wenn wir das dürfen und die Kinder nicht?

Christian Stöcker, Leiter des Netzwelt-Ressorts von *Spiegel Online*, schreibt zu einer Studie zur Smartphone-Nutzung von Kindern und Jugendlichen, schützend wirke sich »die Fähigkeit zur Selbstregulation aus. Ist sie stark ausgeprägt, sind Kinder und Jugendliche in der Lage, das Handy achtsam und zuträglich für ihr eigenes Wohlbefinden und das der anderen im Alltag einzusetzen«. Und da sind wir dann wieder bei uns selbst. Mal ehrlich, setzen wir selbst denn unsere Handys immer »achtsam und zuträglich für unser eigenes Wohlbefinden und das der anderen« ein?[6]

Fairness ist also wichtig. Sie ist die Grundlage dafür, dass wir einander ernstnehmen können. Und sie macht auch viel mehr Spaß. Wir können nämlich ehrlicher miteinander umgehen, Lasten und Lüste gerechter verteilen. Es stärkt die intrinsische Motivation der ganzen Familie, wenn wir alle versuchen, weniger aufs Handy zu schauen oder weniger Zucker zu essen oder weniger Geld auszugeben oder was immer bei euch der Streitpunkt ist.

Fairness gilt auch für die Welt außerhalb der Familien. Natürlich können wir immer etwas finden, das an der Grundschule oder der Oberschule oder der Freilerngemeinschaft zu bemängeln ist. Aber ist es fair, Menschen, die sich wirklich bemühen, ständig Knüppel zwischen die Beine zu werfen? Wäre es nicht fairer, gerechter, am Ende menschlicher und besser für die Gemeinschaft, wenn wir selbst Hand anlegen und mit anpacken würden? Wenn wir versuchen zu verstehen, was es bedeutet, so zu arbeiten, mit so vielen Kindern? Und dann schauen, was man ändern könnte – gemeinsam? Ja, das wäre fair. Es ist leicht, sich mitziehen zu lassen von denen, die immer meckern, aber es ist echter – und wir lieben es ja langsam, achtsam und echt –, wenn wir wirklich dabei sind.

Daher ist Fairness Teil unseres Nordsterns für dieses Buch. Wir haben jetzt große Kinder, die von uns erwarten können, dass wir sie fair behandeln. Kinder haben schon früh einen Sinn für Gerechtigkeit – auch für Gerechtigkeit in der Welt. Wir können die Welt nicht von heute auf morgen ändern. Also fangen wir wie immer bei uns zu Hause damit an. Und dann verändern wir Schritt für Schritt auch das große Ganze.

Bleibt auf Augenhöhe

JULIA: Mein Vater lacht sich jedes Mal kaputt, wenn er mitbekommt, wie ich mit dem Hund rede. »Tatze, warte mal bitte. Komm, wir gehen hier rüber.« Meistens bleibt der Hund dann stehen, denkt kurz drüber nach, ob ich ein unverbindliches Angebot oder eine klare Aussage von mir gegeben habe, und tut dann, was ich will. Ich gestehe, dass das von außen betrachtet ein wenig verschroben wirken mag. (Ein wenig!) Aber letztlich hat es bloß etwas damit zu tun, dass ich den Wesen in meinem Umfeld einfach gern auf Augenhöhe begegne, egal, ob sie zwei oder vier Beine haben. Und ich behaupte steif und fest, dass mein Hund mich unter anderem deswegen ernst nimmt, weil ich ihn ernst nehme. Da mögen mir sämtliche Biologen dieser Welt Vermenschlichung des Zottelviehs vorwerfen.

Bei Tieren mag man sich darüber streiten, bei Menschenkindern ist es eindeutig: Eins der wichtigsten Geheimnisse erfolgreicher Eltern ist der grundlegende Respekt ihren Kindern gegenüber, das unerschütterliche, tiefe Wissen, dass es sich bei ihren Kindern um ernst zu nehmende kleine Menschen handelt, die in sich drin auf jeden Fall einen sehr guten Kern haben, egal wie sie sich gerade benehmen.

Das bedeutet nicht, dass wir immer nur säuseln und nie schreien würden. Es bedeutet, dass wir kein Problem damit haben, wenn unsere Kinder gegebenenfalls zurückbrüllen. Und es bedeutet, dass wir ehrlich um Verzeihung bitten, wenn wir uns danebenbenommen haben.

NICOLA: Oh, da habe ich eine Geschichte zu erzählen. Meine Kinder wissen nämlich manchmal besser als ich, warum ich laut werde.

Mein Sohn war kürzlich neunzig Minuten nach dem Abendessen immer noch nicht zu Hause. Statt wie vereinbart um sechs vor der Tür zu stehen, war er auch um halb acht Uhr noch nicht da. Nicht erreichbar. Keiner hatte ihn gesehen. Ich schwang mich auf mein Rad und fand ihn nach recht kurzer Suche am Fußballplatz. Eigentlich dachte ich – kein Problem. Ich hab ja nicht lange gesucht, ich hab mir auch eigentlich keine allzu dollen Sorgen gemacht. Aber dann fing ich doch an, mit ihm zu streiten und mich lautstark zu beschweren, dass ich mit dem Abendessen gewartet hätte, dass er nicht aufgetaucht sei, dass ich das doof fände. »Ich will, dass du dich an unsere Verabredungen hältst!« – »Mama, ich war doch nur auf dem Fußballplatz!« – »Ich hab mir ja auch keine Sorgen gemacht, es geht einfach ums Prinzip!«, motzte ich, und ich glaubte das wirklich. Mein kompetenter Zehnjähriger sah mich lange an, und dann sagte er ganz ruhig: »Mama, du wirst laut, weil du dir doch Sorgen gemacht hast. Du hast Angst gehabt. Jetzt willst du es nicht zugeben und meckerst mit mir. Aber eigentlich hattest du Angst.«

Unnötig zu sagen, dass ich innerlich in Tränen ausbrach. Ich spürte in mich hinein. Da war – Wut. Nein … Stress. Oder … Traurigkeit? Verflixt, das war Angst. Ich nahm ihn in den Arm. »Ja, du hast recht«, flüsterte ich, »ich hatte doch irgendwo in meinem Mutterherzen Angst, dass dir was passiert ist. Du bist doch mein Junge …« Er lächelte mich an: »Ja, Mama, und ich hab es echt verpennt, es tut mir leid. Dass du Angst hast, das verstehe ich.« Und damit war der Abend wieder friedlich.

Augenhöhe ist die Grundlage für echte Beziehungen. Wir bewegen uns in Deutschland seit den 1960er-Jahren von der autoritären Erziehung hin zur sogenannten »autoritativen« Beziehung. Das ist auch gut so. Es geht weg von der Hierarchie, die sagt: »Solange du deine Füße unter meinen Tisch stellst, tust du, was ich sage!«, hin zu einem gleichwürdigen Modell, das sich für die Belange und Meinungen der Kinder interessiert. Jesper Juul schreibt dazu in seinem Buch *Essen kommen* sehr schön, dass es nicht darum geht, dass die Kinder alles mitentscheiden: »Kinder sind kompetent, aber nicht erfahren.« Sie sind auch mit sechs bis zwölf Jahren noch Kinder, die weder den Überblick über die Familienfinanzen noch über unsere CO_2-Bilanz haben müssen. Aber es ist wichtig, dass wir uns für ihre Meinung interessieren, dass wir ihre Ansichten ernst nehmen und in unsere Überlegungen miteinbeziehen. Am Ende entscheiden wir dann vielleicht nicht so, wie die Kinder es gerne gehabt hätten. Aber wir haben sie gehört und können begründen, warum es diesmal nicht so lief, wie sie es wollten. Kinder müssen nicht »gewinnen«, sie wollen gesehen und gehört werden, das merken wir immer wieder. Und wir sollten nicht unterschätzen, wie viel wir von den Kindern lernen können. Sie haben oft einen sehr unverstellten Blick.

NICOLA: Ich habe letztens auf einem Postkartenständer eine Karte gesehen, auf der stand: »Wer hat den Erwachsenen das Warum geklaut?« Und das erinnerte mich daran, dass ich als Kind oft nicht verstand, warum Erwachsene vieles als gegeben betrachten, was man doch auch anders machen könnte! Und seither achte ich noch mehr darauf, wie meine Kinder die Dinge sehen und welche Lösungen sie vorschlagen. Denn oft sehen sie es viel klarer als ich.

Tut Gutes und redet darüber

Redet darüber, was ihr tut und warum ihr etwas tut. Untereinander, mit euren Partnern, mit euren Kindern. Worte verankern die Dinge im Bewusstsein.

JULIA: Ich war vielleicht sechs Jahre alt, und die Mutter meiner Freundin Heike hatte mich zum Turnen abgeholt. Wir fuhren also in dem schnieken blauen VW-Käfer von Heikes Mutter dahin, und auf einmal sagte Heike: »Meine Mutter kann gut Auto fahren, deine auch?« Ich weiß noch, dass ich Heike verblüfft ansah und keine Antwort wusste. Ich hatte keine Ahnung, ob meine Mutter »gut« Auto fahren konnte, es war bei uns noch nie Thema gewesen. Warum auch? Ich dachte zu dem Zeitpunkt überhaupt nicht in solchen Kategorien. Dieses Erlebnis ist jetzt etwa vierzig Jahre her, ich habe mittlerweile studiert und ein Kind großgezogen und diverse Bücher geschrieben. Man sollte meinen, ich würde durchschauen, wie das damals wirklich war. Aber wisst ihr was? Ich glaube heute noch, dass Heikes Mutter gut Auto fahren kann!

Tatsächlich ist das nicht weiter verwunderlich. Kinder denken nicht um die Ecke, sondern sie glauben zunächst einmal das, was man ihnen sagt. (Deswegen ist es so schwierig, wenn Erwachsene etwas anderes ausstrahlen als sagen.) Wenn wir ihnen sagen und vorleben, dass die Welt ein toller Ort ist, dann wird sie es für das Kind sein. Wenn wir in Angst und Schrecken leben und den Kindern sagen, dass die Welt voller Schrecklichkeiten ist – dann wird das für sie ebenso zutreffen, und sie machen es zu einem Teil ihres Selbst, ganz egal, was wir verbal behaupten.

Es lohnt sich also nicht nur, vorzuleben, sondern auch darüber zu reden, um Dinge im Tagesbewusstsein zu verankern. Dazu gehört auch, dass wir etwas tun, was Nicola in ihren Kursen »innere Prozesse transparent machen« nennt. Es fängt damit an, dass wir laut sagen: »Mann, ich würde jetzt so gerne Schokolade essen. Verflixt, aber eigentlich brauche ich Mittagessen. Egal – heute war so ein langer Tag –, heute soll es vorher ein Stück Schokolade sein. Willst du auch was?« So machen wir deutlich, was in uns vorgeht, wie wir Entscheidungen treffen und was die eigentlichen Regeln sind – und wann man sie auch mal brechen darf. Konsequenz heißt nämlich nicht, dass wir nie, nie, nie Schokolade vor dem Essen schnabulieren. Das wäre ja unmenschlich. Aber Konsequenz heißt, dass es eine Regel gibt, an die wir uns »eigentlich« halten. Es sei denn, es gibt wichtige Gründe, das nicht zu tun. Das ist ein einfacher, aber wichtiger Kniff, um Kinder großzuziehen, die nicht wie kleine Soldaten aufs Wort hören, sondern die wissen, wie man Entscheidungen an die Situation anpasst. Und genauso verfahren wir mit Dingen, die wir konsequent durchziehen: Anschnallen im Auto zum Beispiel. »Puh, heute ist es so heiß, ich würde am liebsten ohne Gurt fahren. Aber will ich schon bei einem kleinen Unfall an die Windschutzscheibe donnern? Nö. Also her mit dem Gurt.« Fertig.

Was wir außerdem tun, wenn wir Kindern authentisch erklären, was gerade mit uns geschieht: Wir geben ihnen die Worte, das irgendwann selbst zu tun. »Irgendwann«, weil die allerwenigsten Kinder das vor dem Alter von elf oder zwölf Jahren können, ganz gleich, wie engagiert wir auf sie eingeplaudert haben, als sie Babys waren.

Die niederländische Psychologin Martine Delfos beschäftigt sich seit vielen Jahren mit kindlicher Kommunikation. Sie schreibt: »Erwachsene unterliegen oft dem Irrglauben, ein Kind, das die Wörter einer Sprache aussprechen kann, sei auch in der Lage, Fragen zu formulieren, die es beschäftigen. Bis zu einem Alter von etwa zehn Jahren ist das sicher nicht der Fall.«[7]

Tut Gutes und schweigt darüber

Also, reden ist super. Bewusst machen ist super. Sich öffnen ist super. Wörter zu schenken ist super. Dinge totzureden ist nicht super. Manchmal müssen Eltern einfach mal die Klappe halten. Aber wie finden wir die Balance?

NICOLA: Ich weiß nicht, wie meine Mutter es geschafft hat, aber ich habe als Kind Unmengen von Salat gegessen, hatte kein großes Interesse an Süßigkeiten, und wenn ich nicht gerade ein Buch schreibe, ernähre ich mich auch jetzt als großer Mensch ziemlich gesund. Ich kann mich nicht erinnern, dass meine Mutter mir jemals Vorträge über gesunde Ernährung gehalten hätte. Sie hat einfach gern gekocht. Ich hingegen koche nicht ganz so gern. Dafür erzähle ich gern über gute Ernährung. Als ich für *artgerecht – das andere Kleinkinderbuch* recherchierte, stellte ich mit Entsetzen fest, dass Schulkinder umso ungesünder aßen, je mehr man sie dazu gedrängt hatte, sich gesund zu ernähren! Seitdem enthalte ich mich meiner Vorträge. Ich koche – möglichst gesund, möglichst mit Zeit und Freude. Und wenn die Kinder den Salat essen, dann ist es fein. Wenn nicht, dann eben nicht. Tu Gutes – und schweige.

Die Aufmerksamkeitsspanne von Grundschülern ist nicht besonders lang. Vor allem, wenn es um Dinge geht, die sie nicht interessieren. »Vom Vorbild der Eltern geht ein Zwang aus, dem sich Kinder nicht entziehen können«, steht in einem Erziehungsratgeber der 1960er-Jahre, den Kloeters-Briefen, »außer wir hindern sie mit Ermahnungen.«[8] Sehr treffend, selbst wenn das Wort »Zwang« für uns heute eher unschön klingt. Nicht alles lernen Kinder, indem wir es vorleben. Aber manches lernen sie auch deshalb nicht, weil wir zu viel reden.

In unseren Kursen machen wir oft eine Übung von Daniel Siegel. Die Teilnehmer schließen die Augen, wir machen eine kurze Meditation und dann sagen wir zehnmal Ja und zehnmal Nein. Ganz einfach. Wenn wir hinterher fragen, wie die Menschen sich gefühlt haben, bekommen wir immer die gleiche Antwort: Das Ja ist sehr angenehm, es öffnet und verbindet die Menschen, sie fühlen sich weit und groß und zufrieden. Das Nein ist unangenehm, es verschließt sie und sie fühlen sich klein. Viele berichten zudem, dass sie ab dem dritten Nein nicht mehr zuhören. Ihre Gedanken schweifen ab und sie warten einfach nur noch darauf, dass es vorbei ist. Unseren Kindern dürfte es ähnlich gehen – wer kennt das nicht, das sprichwörtliche »auf Durchzug schalten«? Wenn wir zu viel reden, vor allem wenn es unangenehme Dinge sind, dann hört uns keiner zu. Wenn wir zu viel über Gutes reden, dann hilft es auch nicht, wie die Studien rund ums gesunde Essen zeigen. Jesper Juul sagt, wir sollen kurz und knapp sagen, was wir uns wünschen (»Ich würde mich freuen, wenn du die Erbsen probierst«), aber darauf verzichten, unsere Entscheidung zu rechtfertigen, indem wir einen gelehrten Vortrag über gesunde Ernährung halten.[9]

Zu schweigen kann auch einfach bedeuten abzuwarten, dem Kind Zeit und die Möglichkeit zu geben, Dinge auszudrücken, die es beschäftigen. »Erwachsene brechen viele Initiativen von Kindern zum Gespräch ab. Sie nehmen sich oft zu wenig Zeit, um das Kind selbst ausdrücken zu lassen, was es sagen will, und übernehmen das Gespräch«,[10] schreibt Delfos, und wir gestehen zähneknirschend, dass sie recht hat. Auch wir haben das schon getan. Weil es schnell gehen musste. Weil wir doch so wahnsinnig kompetent sind und nach einem halben Wort schon wussten, was unser Kind sagen wollte. Und vielleicht auch, weil Frauen dazu tendieren, andere Menschen zu unterbrechen, um zu dokumentieren, dass sie sie besonders gut verstehen (das hat Julia zumindest vor Jahren beim Friseur in der *Brigitte* gelesen). In diesem Fall ist Enthusiasmus leider fehl am Platz, hier hilft Zurückhaltung und Abwarten und vor allem: Achtsamkeit.

Delfos führt weiter aus: »Kommunikation mit Kindern verlangt Verspieltheit und die Loslösung von festen Mustern. Reden mit Kindern erfordert auch, dass man sich Ohnmacht und Angst abgewöhnt, um an Fantasien, Träumen, Symbolen, Ideen und Gefühlen teilzunehmen. (...) Das bedeutet, sich von der Starrheit und dem Leistungsdruck freizumachen, immer normieren, interpretieren, gewinnen und konkurrieren zu müssen.«[11]

Was für eine Erleichterung es sein kann, sich bewusst darauf einzulassen! Besonders für uns gründlich sozialisierte Eltern, die über zehn oder sogar dreizehn oder mehr Jahre in Schule und Ausbildung gelernt haben, wie gut es ist, wenn man interpretieren kann. Und am besten noch am schnellsten und tollsten von allen. Mit Kindern ist das kontraproduktiv, und wenn man das erst einmal verstanden hat, kann es unglaublich entspannend sein, es endlich einmal nicht zu tun, sondern stattdessen einfach einmal zu schweigen.

SIEBEN SACHEN

»Ich gehe fort, hinaus in den Wald«,
antwortete Ronja. (…) »Sagt Lovis,
dass sie sich nicht allzu sehr sorgen
und grämen soll. Ich bin ja im Wald
zu finden, falls sie mich suchen sollten.«
Astrid Lindgren, Ronja Räubertochter[1]

Nur in den allerseltensten Fällen werden unsere Kinder wie Ronja Räubertochter in den Wald hinausziehen. Was nicht bedeutet, dass für uns Eltern all das »da draußen« trotz aller schönen Theorie nicht manchmal genauso bedrohlich sein kann wie die Graugnome und die Wilddruden in Ronjas Räuberwald. Wie macht man das also praktisch, das Loslassen, das Vertrauen, das Ausbrechen aus der Angst?

Nach wie vor stehen wir auf dem Standpunkt, dass es keine allgemeingültigen Rezepte oder Handlungsanweisungen für Familien geben kann. Jede und jeder, der behauptet, er hätte sie gefunden, lügt. Familien sind zu unterschiedlich, als dass das, was für eine Familie funktioniert, bei einer anderen ebenso fruchtbar sein muss. Dennoch gibt es gewisse Grundeinstellungen, die mit sehr großer Wahrscheinlichkeit das Leben leichter machen. In *Slow Family* haben wir sie augenzwinkernd »Zutaten für ein gutes Leben« genannt und die Leser eingeladen, sie nach Lust und Laune zu mischen, um ein stressarmes, glückliches Familienleben zu »kochen«.

Hier, in *Wild World*, geht es aber eher darum, was unseren Kindern alles nützlich sein kann, wenn wir sie loslassen und sie ihre

Expeditionen starten. Wir haben also hier sieben Ausrüstungsgegenstände zusammengestellt, die in keinem Rucksack fehlen sollten und aus denen man allerhand Überlebensnotwendiges bauen kann, Zelte und Wasserfilter und Feuerbogen und ... Glaubt ihr nicht? Auf jeden Fall erachten wir alle sieben Ausrüstungsgegenstände als essenziell. Die Reihenfolge bedeutet dabei keine Hierarchie – mal ist das eine wichtiger, mal das andere.

vertrauen

Ich bin immer für dich da

Als ersten Ausrüstungsgegenstand brauchen wir unbedingt Vertrauen. Ziemlich viel davon. Und zwar nicht als Imperativ, sondern als Erleichterung, als Ausatmen: Wir dürfen Vertrauen haben. Vertrauen in unsere Kinder (und sie in uns). Vertrauen in uns selbst. Vertrauen in die Welt.

Wir können unseren Kindern vertrauen, weil es starke Kinder sind und weil Kinder dafür gemacht sind, in die Welt hinauszuziehen. Jede Generation hatte ein Früher, in dem es nach ihrer Ansicht viiiiiel weniger gefährlich war, Kinder losziehen zu lassen. Und jede Generation ist davon überzeugt, dass es sicher gefährlich sein mag, ein Kind in der Savanne allein zum Wasserloch laufen zu lassen (jaja, die Raubtiere), wir sind aber sicher, dass Autos viel gefährlicher sind. Oder Smartphones? Oder die Kombination aus diesen beiden (die wirklich ziemlich gefährlich ist, zugegeben)? Und dennoch: Wir können den Kindern vertrauen. Die wachsen mit eben dieser Welt und den Raubtieren von heute ja auf.

Sie sind sozusagen Eingeborene in dieser Welt. Genauso, wie wir gelernt haben, mit den Gefahren der 1970er, 1980er oder 1990er-Jahre umzugehen, haben die Kinder heute von Anfang an gelernt, mit Monitoren, dichtem Autoverkehr und dem Klimawandel klarzukommen. Zu allen Zeiten und in allen Kulturen haben Menschen sich angepasst. Nur deshalb sind Menschen biologisch betrachtet so ein Erfolgsmodell, weil wir in der Lage sind, uns an unglaublich viele unterschiedliche Lebensbedingungen anzupassen.

JULIA: Als ich mein Zusatzstudium zur Nachhaltigkeitsjournalistin absolviert habe, diskutierten wir eines Tages auch darüber, ob die menschliche Rasse sich selbst ausrottet, indem sie ihren Lebensraum zerstört, die Nahrung vergiftet und nicht in der Lage ist, langfristig Verantwortung zu übernehmen. Der Professor, ein Biologe, der auf Artenvielfalt spezialisiert war, sagte, er sähe keinen Grund, warum die Menschen sich nicht weiterhin anpassen sollten, wie sie es immer getan hätten.

Dieses Anpassen fängt im ganz Kleinen an. Das heißt nicht, dass wir nicht versuchen wollen, die bestmögliche Umgebung für unsere Kinder zu schaffen. Aber wir brauchen uns nicht so viele Sorgen zu machen. Unsere Kinder kriegen das gut hin.

Eltern, die im tiefsten Inneren sicher sind, dass ihr Kind gut ist, dass es in jeder Situation sein Bestes gibt und damit auf seine Weise Erfolg haben kann, haben es in der Regel leichter als Eltern, die diese Sicherheit nicht haben (möglicherweise, weil ihre Eltern sie ihnen nicht entgegengebracht haben).

Vertrauen funktioniert gegenseitig. Für Kinder ist es enorm wichtig, dass sie auch uns vertrauen können. Hier spielt in erster Linie eine Rolle, dass Kinder ihre Eltern als zuverlässig und berechenbar erfahren, als sicheren Zufluchtsort. Winfried Probst,

Autor des Buches *Vertrauen*, sagte im Interview: »Vertrauen bedeutet »vor allem Verlässlichkeit und Berechenbarkeit. Letztere entsteht, wenn man in seinem Denken und Tun transparent bleibt. Wenn man offen sagt, was man denkt, und in natürlicher Mimik und Gestik zeigt, was man fühlt, dann bekommt der andere mit, was im Gesprächspartner vorgeht. Dann kann Vertrauen entstehen. Zusätzlich bedarf es aber auch der Erfahrung über die Zeit, ob sich Eindrücke bewähren oder ob sich im Laufe der Zeit vielleicht noch andere Wesenszüge eines Menschen zeigen und durchsetzen. Deshalb empfehle ich für eine Beziehung auch immer, sich Zeit zu geben, damit man erfahren kann, ob der andere zum Beispiel im Streit noch fair ist oder aber ein anderes Gesicht zeigt«.[2]

In der Familie haben wir ja den Vorteil, dass alle Beteiligten sich schon eine Weile kennen, in guten wie in schlechten Zeiten, und dass die Kinder im Idealfall wissen, dass sie sich auf ihre Eltern verlassen können, und sich entsprechend geborgen fühlen. Wie die elfjährige Annika es ausdrückt: »Dass man sich sicher fühlt und jemanden ansprechen kann, wenn man was auf dem Herzen hat. Dass einfach jemand da ist. Zum Beispiel als kleines Kind im großen Zelt, wenn es nachts raschelt. Und wenn der Papa dann da ist und das Kind weiß: Mein Papa beschützt mich, mich kann kein Wolf fressen.«[3]

Die gute Nachricht ist: Eltern müssen schon verflucht viel Mist bauen, damit ihre Kinder das Vertrauen in sie verlieren. Die allermeisten Kinder finden ihre Eltern einfach nur richtig, richtig gut. Diese Ebene können wir also guten Gewissens bei allen, die dieses Buch lesen, als gegeben annehmen.

Zweitens: Wir können uns selbst vertrauen, weil wir schon großartige Arbeit geleistet haben. Wir haben die Kinder bis hier begleitet, wir haben sie mit Liebe angefüllt. Wir haben unser Bestes gegeben. Nicht immer und jederzeit *das objektiv perfekte* Beste, aber das macht nichts, denn wenn wir geben, was ein Mensch geben kann, ist das völlig ausreichend.

NICOLA: Ein befreundeter Therapeut sagte mir kürzlich, dass in seinen Sitzungen mit Erwachsenen immer wieder eines herauskommt: Die Eltern seiner Klienten haben oft viele Fehler gemacht. Aber was für die Klienten zählt, ist, ob sie sich bemüht haben. Die Erwachsenen, die das Gefühl hätten, ihre Eltern haben ihr Bestes gegeben, es aber nicht besser gekonnt oder gewusst, können viel besser mit den Konsequenzen für ihr eigenes Leben umgehen als Menschen, die das Gefühl haben, dass es ihren Eltern einfach egal war, was mit ihnen passiert.

Das spiegelt sich auch in der Forschung: Noch schlimmer als autoritäre Erziehung ist nur Vernachlässigung. Kinder, die sich gesehen fühlen, können auch »Fehler« und unperfekte Stellen ihrer Eltern prima ausbalancieren. Es kommt nicht darauf an, dass wir perfekt sind (dem Himmel und Jesper Juul sei Dank!). Wir können also getrost auf uns selbst vertrauen.

Aber welche halbwegs wachen Eltern zweifeln nicht manchmal an sich und ihren Fähigkeiten?

Dr. Herbert Renz-Polster sagte dazu (allerdings auf Babys bezogen) auf den Weleda-Fachtagen 2018 etwas sehr Interessantes: Unsicherheit bei Eltern sei gar nicht schlimm, denn durch die Menschheitsgeschichte betrachtet, ging es den Babys immer in den Zeiten am schlechtesten, in denen die Eltern »genau wussten«, was sie zu tun hatten. Feiern wir also unsere Unsicherheit und tasten wir uns weiter in diesem unbekannten Land der Elternschaft.

JULIA: Mit Anfang zwanzig hatte ich eine Phase, von der ich sehr hoffe, dass mein Sohn sie auslässt im Leben. Meine Eltern wachten, so gut sie konnten, aus der Ferne über mich, aber im Wesentlichen machten sie sich Sorgen. Aus ihrer Perspektive mit Recht, aus meiner absolut unbegründet. Ich war jung, ich war wild, ich war unverwundbar. Eines Tages sagte ich zu meiner Mutter: »Mama, hast du keinerlei Vertrauen in deine Arbeit der letzten zwanzig Jahre? Glaubst du, all die Liebe, all das Kümmern war für nichts?« Wann immer ich heute Gefahr laufe, in Angst zu verfallen, denke ich an diese Zeit zurück.

Das ist das eine – bewusst sehen, wie wundervoll unsere Kinder sind, und uns selbst vertrauen, dass wir den Job bisher eigentlich ziemlich gut gemacht haben. Sie werden nicht von heute auf morgen aufhören, wundervoll zu sein, selbst wenn sie da draußen irgendwann Abenteuer erleben, von denen wir vielleicht lieber nichts wissen wollen.

Die andere Seite derselben Münze ist ein wenig diffiziler: das Vertrauen, dass wir spüren, wenn es dem Kind irgendwo nicht gut geht, sei es bei der Eingewöhnung in der Kita oder in der Schule, weil die Mathelehrerin fies ist, oder wo auch immer.

Warum bezeichnen wir das Vertrauen in das eigene Gefühl an dieser Stelle als schwieriger? Im Zweifelsfall für das Kind – oder? Ja, natürlich. Im Zweifelsfall immer für das Kind, für die Bindung in der Familie, für die Geborgenheit. Wir beobachten allerdings vereinzelt auch, dass Eltern tatsächlich die eigenen Verlustängste, die eigenen Einsamkeitsängste, die eigene Angst, die Kontrolle über das Kind zu verlieren, auf die Kinder projizieren. Und das ist dann nicht gut.

Grundsätzlich aber gilt: Aufmerksame, achtsame, kompromissbereite Eltern sind weder unfähig noch wahnsinnig, wir verhätscheln unsere Kinder nicht und wir müssen auch keinen Elternführerschein machen, weil wir zu doof sind. Ach, und übrigens: Wir ziehen auch keine Tyrannen groß. Wir sind hoffentlich gelassen, aber niemals nachlässig, und unsere Kinder gehen nicht über Tische und Bänke, nur weil wir ihnen auf Augenhöhe begegnen.

NICOLA: Mich und meine Kinder kann man sehr wohl in ein Restaurant lassen, wir können nämlich unsere Bedürfnisse ernst nehmen UND in Ruhe und anständig essen.[4] Auf Rügen hat der Restaurantbesitzer von »Oma's Küche« im Badeort Binz entschieden, dass Kinder unter 14 Jahren abends keinen Zutritt mehr haben. Es gab eine große Aufregung, dass sich Eltern nicht mehr richtig um ihre Kinder kümmern, ihnen kein Benehmen mehr beibringen würden. Es gibt sicher Momente, in denen man das so sehen kann, aber flächendeckend sehe ich das so nicht.

JULIA: Oh, dieser Zwischenfall, auf den du dich beziehst, ist wieder Wasser auf meine Mühlen. Ich finde es immer wieder eine unglaubliche Unverschämtheit, Eltern pauschal erst einmal Unfähigkeit zu unterstellen. Wie kommen die Leute auf so etwas? Die tatsächlichen Zahlen sprechen eine ganz andere Sprache. Eltern und Kinder waren – ich könnte jetzt hier ungefähr fünfundsiebzig Studien zitieren – nie glücklicher miteinander als heute. Die Herausforderungen, die Eltern heute dank der Globalisierung und der Digitalisierung haben, mögen andere sein als zu Urgroßmutters Zeiten, aber es sind keinesfalls mehr. Man muss nicht alles glauben, was so durch die Medien gerufen wird.

»Medien« ist ein gutes Stichwort. Aus dem Journalismus wissen wir beide, dass dort die Regel gilt: Only bad news is good news. Das menschliche Gehirn steht auf Katastrophen, wir laufen hoch bei

Horrormeldungen. Unser Hirn und unser Hormonsystem wissen nicht, dass wir nicht mehr als Jäger und Sammler leben. Täten wir das, beträfen Schreckensmeldungen mit hoher Wahrscheinlichkeit unser direktes Umfeld, und natürlich wäre es gut und richtig, bei jedem Missstand auf »Alarmstufe Rot« zu gehen – es könnte immerhin um unser Leben gehen. Bei Entwarnung und der Nachricht »Alles ist (wieder) in Ordnung« könnten wir gemütlich am Lagerfeuer sitzen bleiben und uns entspannt zurücklehnen. Aber wie gesagt: Unser Hormonsystem hat keine Ahnung davon, dass das Wenigste von all dem Negativen, was wir lesen und hören, uns tatsächlich betrifft. Und es kann auch nicht zwischen echten und falschen Meldungen unterscheiden. Es »hört« bloß: Hui, Katastrophe! Da muss ich schnell Hormone ausschütten, die meinen Menschen wach und aufmerksam machen!

Deswegen werden Artikel hervorragend geklickt, wenn sie nur genug Schrecklichkeiten versprechen, deswegen werden Zeitungen in Mengen gekauft, wenn auf der Titelseite die Erziehungskatastrophe postuliert wird. »Wir können uns entspannen, alles ist gut«, ist journalistisch betrachtet so gut wie nicht existent. Es ist keine Nachricht, es verspricht keine Verkäufe. Dieser Dinge müssen wir uns bewusst sein, wenn wir Artikel (oder Bücher) über helikopternde Eltern mit chinesisch gedrillten Kleinstkindern oder aus dem Ruder gelaufene Softie-Erziehung lesen.

Im Großen und Ganzen machen Eltern einen wirklich guten Job, und im Großen und Ganzen sind Familien glücklich bis sehr glücklich miteinander.

Drittens: Wir können der Welt vertrauen. Sie ist nämlich besser als ihr Ruf. Wir kriegen nur ihre guten Seiten so selten mit. Wusstet ihr, dass das Ruhrgebiet so sauber ist wie nie zuvor? Dass sich die

Generationen heute besser verstehen als noch vor hundert Jahren? Dass Eltern ihre Kinder immer weniger autoritär erziehen, sondern gleichwürdig? Dass nach Marokko, Ruanda und Kenia auch Burundi den Plastiktüten den Kampf angesagt und sie ab Ende 2019 verboten hat? Dass es weltweit mehr Naturschutzgebiete als je zuvor gibt? Dass derzeit mehr Geld für Bildung in Deutschland ausgegeben wird als zu irgendeiner anderen Zeit?

Als hätten wir uns abgesprochen, erschien zeitgleich mit unserer Überarbeitung dieses Absatzes in der *ZEIT* ein langer Artikel von Martin Spiewak, in dem er sich unter dem Titel »Was nicht in der Zeitung steht« ausführlich dem Thema Negativitätsbias widmete. »Warum aber«, fragt er, »sehen die meisten diese Fortschritte nicht? Warum sind sie stattdessen überzeugt, dass die Welt immer ungerechter und gefährlicher wird (...)? Wieso glauben sie, dass die Menschheit ihre Probleme nicht lösen kann, obwohl viele einzelne Menschen von morgens bis abends nichts anderes tun?«[5]

Ihr und wir und alle anderen Eltern da draußen, wir sind viele einzelne Menschen. Und abgesehen davon, dass unsere Kinder das Wunderbarste auf der ganzen Welt sind, können wir uns immer wieder vor Augen halten: Auch wir tun von morgens bis abends nichts anderes, als erfolgreich Probleme zu lösen.

durchhaltevermögen

Komm, wir versuchen es noch mal

Im *artgerecht*-Kalender gibt es ein Montagsmantra, das wir den schon erwähnten Kloeters-Briefen verdanken. Einer der schönen

Sätze, die man darin findet, ist nämlich der kleine, unscheinbare und doch erstaunlich mächtige Satz: »Das kann schon mal passieren.« Das Kind hat seine Jacke liegen lassen? »Das kann schon mal passieren.« Das Kind weiß nicht mehr, wo es die Schere hingelegt hat? »Das kann schon mal passieren.« Unser Kind macht etwas, das wir als nervende Eltern-Arbeitsbeschaffungsmaßnahme wahrnehmen? »Das kann schon mal passieren.«

Was macht diesen Satz aus? Er sagt: Das war nicht toll, was da gerade passiert ist. Es ist gegen unsere Regeln, es war nicht besonders achtsam, es ist ärgerlich, dass wir jetzt rumfahren und die Jacke suchen müssen. Kurz: Es sollte nicht passieren. Aber es kann jedem mal passieren, dass er vergesslich ist, einen Fehler macht oder sich unvernünftig verhält. Und das ist nicht schlimm. Ich hab dich lieb. Du bist mein Kind. Komm, wir kümmern uns zusammen darum.

Damit lernen unsere Kinder Fehlertoleranz. Sie lernen, dass man nicht perfekt sein muss – eine wichtige Lektion, denn die öffentliche Schule lehrt an vielen Stellen noch etwas anderes.

NICOLA: Wenn ich in meinen Schreibseminaren Texte schreiben lasse, bearbeiten wir sie hinterher in der Gruppe auf der großen Leinwand. Wenn ich dafür Teilnehmer bitte, ihren Text vorzulesen, zucken viele erst einmal zusammen und beginnen dann mit: »Ich weiß nicht, ob ich das richtig gemacht habe …« Ich kann geradezu diesen Schulreflex sehen: »Sieben mal acht?« – »56!« – »Setzen!« Auweia. Mir tut das im Herzen weh. Deshalb sage ich im Seminar ungefähr 150 Mal, dass es nicht um Gut oder Schlecht, um Richtig oder Falsch geht. Dass wir alle hier sind, um etwas zu lernen – auch ich! Und dann geht es oft besser. Deshalb habe ich mir geschworen, meinen Kindern diese Gabe, Fehlertoleranz, schon ganz früh beizubringen.

Wir finden, dass Fehlertoleranz nicht nur für die Kinder gelten sollte. Sie gilt auch für uns Eltern. Schlüssel verlegt? »Das kann schon mal passieren.« Nachmittagstermin verdusselt? »Das kann schon mal passieren.« Kurz noch hingelegt und dann doch den Elternabend verschlafen? Schlaft weiter, Schlaf ist wichtig, »Das kann schon mal passieren!«

Wir müssen nicht perfekt sein. Wir müssen nur die Größe haben, es zuzugeben. Und das hilft auch den Kindern. Denn nur so lernen sie, wie man mit Fehlern richtig umgeht. Scheitern zu lernen, Fehler zu machen und zu sehen: »Keiner stirbt daran!«, das ist enorm wichtig. Viele Erwachsene trauen sich erst gar nicht, etwas auszuprobieren, weil allein die Möglichkeit zu scheitern sich so unaushaltbar anfühlt! Dabei liest man allerorten, dass es nicht die Perfekten sind, die ihre Träume verwirklichen, sondern die, die es immer wieder versuchen, trotz aller Fehler.

Der Versuch, etwas perfekt zu machen, ist von vornherein zum Scheitern verurteilt. Du bist Veganerin? Ja, aber was ist denn mit dem Wollpullover da? Ach, ich denke, du sorgst dich so sehr ums Klima – wie kannst du dann fliegen? Du trittst für liebevolles Zusammenleben ein? Wieso meckerst du dann gerade so rum?

Ganz einfach. Weil wir alle Menschen sind, und Menschen sind nicht perfekt. Auch als Eltern machen wir permanent Fehler, wir schreien unsere Kinder auch mal ungerechtfertigt an, wir treffen falsche Entscheidungen. Gestehen wir sie uns zu – und geben wir dennoch immer unser Bestes. Wir reden hier nicht davon, sich gemütlich auf den eigenen Fehlern auszuruhen.

Wir wollen Kinder, die um die Ecke denken. Wir brauchen Kinder, die in der Gruppe funktionieren, die Regeln befolgen können. Aber wir brauchen auch Kinder, die Regeln infrage stellen. Und die Fehler zugeben können. Fundamentalismus, egal welcher Art, bringt uns nicht weiter. Wir müssen herausfinden, wo man sich sinnvollerweise anpasst (nach dem Klo die Hände waschen) und wo nicht (nein, wir gucken nicht den Heidi-Klum-Quatsch). Und wenn die Kinder größer werden, müssen wir das sogar auch noch vertreten – wir können es nicht mehr einfach vorleben oder machen. Denn wenn die Sechsjährige die Meerjungfrauen-Barbie will und der Große um neun Uhr abends noch seine Runde *Clash of Clans* zu Ende spielen muss – wie reagieren wir dann? Denn das Argument, dass die Kinder sonst morgen in der Schule ausgelacht werden, Außenseiter werden, ist nicht von der Hand zu weisen. Aber wenn wir nur noch das tun, was die anderen tun, damit wir Teil der Gruppe bleiben und nicht auffallen – was hilft uns das? Dann kommen wir ja auch keinen Schritt weiter.

Wenn wir also damit umgehen müssen, dass unsere Ideale und die Anforderungen in der Welt immer weniger zusammenpassen, dann brauchen wir einen neuen Plan. Denn wir werden auch das sehen: dass unsere Kinder das, was wir ihnen versucht haben zu vermitteln und vorzuleben, nonchalant in den Wind schlagen, um herauszufinden, worum es in ihrem eigenen Leben geht.

Je weniger wir dann an etwas festhalten, was wir für unumstößlich halten, desto eher haben wir die Hände frei – für unsere Kinder und ihre Zukunft.

NICOLA: Manche Leute denken, unser Leben wäre perfekt. Die Bilder auf Instagram, die Blogeinträge, die Bücher – und schwups hat man den Nimbus des perfekten Familienlebens.

Natürlich sieht auch unsere Welt nicht immer so aus. An jenem denkwürdigen Sonntag im Sommer 2017 sah sie sogar völlig anders aus. Wir waren zu viert auf dem Weg von Berlin nach Bonn. Meine zwei Kinder hatten das Wochenende bei ihrem Vater verbracht. Als fröhliche Patchworkfamilie hatten wir uns mit meinem Mann in Berlin getroffen und waren nun auf dem Weg nach Hause, samt Gepäck, Gitarre und Tüten voller neuem Papa-Spielzeug. Es war Mittagszeit, wir hatten natürlich vergessen, ausreichend Proviant einzupacken (wer hätte den auch tragen sollen?), und mussten zu allem Überfluss wegen einer Gleisstörung (es lebe die DB!) irgendwo in einen IC umsteigen. Hungrig. Müde. Alle Hände voller Gepäck.

Die gute Nachricht war: Als wir am Bahnhof ankamen, hatten wir noch 25 Minuten Zeit zum Umsteigen. »Los, in 25 Minuten Mittagessen jagen, das schaffen wir!«, rief ich, und die hungrige Meute hastete samt Koffer, Tüten und Rucksäcken vom Gleis zur Bahnhofshalle. Dort erwartete uns die übliche deutsche Kleinstadttristesse: Kein Obststand, keine Pizzeria. Stattdessen pappige Sandwiches zu horrenden Preisen, matschige Brezeln, Zeitungen, Zigaretten und – ein McDonald's. Die Kinder jammerten, es war heiß, die Uhr tickte. »Pommes bei McDoof?«, fragte ich den Mann. »Pommes bei McDoof«, sagte er entschieden. Wir wuchteten Kinder, Gitarre und Gepäck in die enge McDonald's-Filiale und landeten direkt vor zwei riesigen Touchscreen-Terminals. »Oh nein!«, schimpfte ich – jetzt musste ich mich auch noch mit so einer blöden Maschine rumärgern, nur um zwei Mal Pommes zu kriegen! Mein Mann schlug vor, »gemütlich im Sitzen« zu essen, und begann, das Gepäck zu einem freien Tisch im Obergeschoss zu tragen. Ich stellte mich vor den Touchscreen und versuchte herauszufinden, wie ich jetzt an die Pommes kam. Links neben mir stand meine Tochter: »Mama, aber mit Ketchup, ja? Hörst du? Mit Ketchup! Kann ich zwei Mal Ketchup haben? Mama?« Rechter Hand versuchte mein Sohn, seine Schwester zu übertönen: »Mama, krieg ich 'ne große Pommes? Ich will die große! Mama, hast du gehört? Die große Pommes! Nur für mich! Ich hab Hunger! Die grooooße!!!«

Ich stand fluchend vor dem Touchscreen, verhedderte mich heillos in der Benutzerführung und motzte gerade meine Kinder an: »Herrgott noch mal! Seht ihr nicht, dass ich mit diesem Ding nicht klarkomme! Jetzt seid halt mal zwei Sekunden still!!!«

Da hörte ich hinter mir eine schüchterne Stimme: »Entschuldige bitte, aber bist du nicht Nicola Schmidt vom *artgerecht*-Projekt?«

Mich traf der Schlag. Was? Ich? Bei McDonald's? Total gestresst? Gerade meine Kinder anmeckernd? Unfähig, einem Touchscreen zwei Mal Pommes zu entlocken? Nein, DAS konnte unmöglich Nicola Schmidt vom *artgerecht*-Projekt sein! Ich drehte mich um. Ich schaute in die Augen einer freundlich blickenden Mutter mit Kind auf dem Arm.

Ich stammelte: »Äh … hi … ja … Nicola … *artgerecht* … ja, ich fürchte, die bin ich …«, und dachte: Lieber Gott, bitte lass sie jetzt kein Selfie für Facebook machen!

Ja, so ist sie manchmal, die wilde Welt da draußen. Auch bei uns. Laut. Ungesund. Stressig. Voller Touchscreens, die keine Pommes rausrücken, und Eltern, deren Gelassenheit auch mal ein Ende hat.

Wir sind uns sicher, dass es einfacher ist, etwas zu bewirken, wenn man sich nicht durch Perfektionismus knebeln lässt. Dann ist es doch einfacher, die Welt zu lieben, wie sie ist, und auch manchmal über sie zu lachen. Und über sich selbst.

Bei aller Gelassenheit bleibt jedoch ein einfacher Fakt bestehen: Wer etwas erreichen will, der muss auch durchhalten können. Aber warum schmeißen manche Kinder sofort alles hin, wenn es schwierig wird, während andere dranbleiben, bis das Puzzle fertig ist?

Zunächst müssen wir festhalten: Wenn Kinder nicht gerne puzzeln, bleiben sie auch nicht dran. Dasselbe gilt für Ballett, Klavierunterricht, Fallenstellen. Wir machen das, was wir gerne tun, was uns interessiert. Nur dann sind die Schaltstellen im Gehirn aktiv, die uns motivieren. Aber es hat auch etwas mit unseren inneren Bildern zu tun, ob wir durchhalten oder nicht.

Die Professorin Carol Dweck von der Stanford University forscht seit über fünfzehn Jahren zu der Frage, was Kinder stark macht und auch gegen Widerstände ein Ziel verfolgen lässt. Ihre Ergebnisse sind verblüffend: Wie Kinder mit Herausforderungen umgehen, liegt weder in ihrer Persönlichkeit noch ihrem IQ. Es wird ihnen anerzogen. *Wir* erziehen es ihnen an.

Dwecks Versuchsanordnung dazu sieht so aus: Sie setzt zwei Grundschulkinder an eine Aufgabe, z.B. ein Puzzle, eine Rechenaufgabe oder eine Logikaufgabe. Es gibt zwei Durchgänge. Im ersten Durchgang bekommen die Kinder eine recht einfache Aufgabe, die sie leicht lösen können. Danach werden sie gelobt und dann gefragt, ob sie eine genau gleiche oder eine schwierigere Aufgabe lösen möchten. Einige Kinder entscheiden sich für die gleiche, andere für die schwierigere Aufgabe. Die einen halten durch, die anderen schrecken zurück oder werfen schnell hin, wenn es nicht sofort klappt.

Wo liegt der Unterschied? Dweck konnte wieder und wieder zeigen, dass es nicht an den Aufgaben, den Kindern oder der Intelligenz der Kinder liegt. Es liegt vor allem daran, was die Versuchshelferin zu dem Kind nach dem ersten Durchgang sagt. Sagt sie: »Sehr gut gemacht, du bist ein kleines Mathegenie!«, dann geben die Kinder eher auf. Sagt sie: »Daran hast du aber lange geknobelt!«, machen sie weiter. Was steht dahinter? Wenn wir Kindern suggerieren, dass ihre Fähigkeiten angeboren oder irgendwie gottgegeben sind, dann werden sie offenbar eher ängstlich. Kinder wollen nämlich gut sein, kooperieren, uns gefallen. Und sie fürchten dann, dass sie diese Fähigkeit plötzlich verlieren könnten, ohne zu wissen, was sie dann tun sollten.

Wenn wir hingegen unseren Kindern beibringen, dass das Gehirn ein Muskel ist, dass man alles lernen und trainieren kann und dass man nur dranbleiben muss und Fehler kein Drama sind – dann bleiben die Kinder auch dran, beißen sich durch, wagen auch mal etwas. Weil sie nicht von dem völlig unberechenbaren Urteil »talentiert« abhängig sind – denn woher kommt Talent? Und was mache ich, wenn mir mal ein Klavierstück nicht so leichtfällt, obwohl ich doch so talentiert bin? Dann gebe ich auf – ich hab wohl doch kein Talent. Dass Klavierspielen, Schreiben, Rechnen, Puzzeln, Reiten und alles andere Dinge sind, die man lernen kann, müssen Kinder von uns lernen.

Und sie müssen auch von uns lernen, dass wir auch Dinge gerne machen, üben und lernen dürfen, für die wir kein Talent haben! Vielleicht spiele ich nicht so gut Gitarre wie mein Bruder und singe nicht so toll wie die Nachbarstochter – egal! Ich will singen, also singe ich und übe und freue mich daran. Dass man Dinge einfach »können« muss und dass vor allem kreative Gaben »vom Himmel fallen« und man besser aufhört, sobald jemand besser ist – derartige Vorstellungen halten viele Menschen davon ab, ihr wahres Potenzial zu leben.

Gleichzeitig müssen Kinder verstehen lernen, dass viele Künste erarbeitet werden wollen. Nicht immer mit Schweiß, Blut und Tränen, wohl aber mit Zeit, Hingabe, Durchhaltevermögen und Üben, Üben, Üben. Das sehen sie am besten an uns. Und sie lernen es, wenn wir die Prozesse wieder transparent machen: »Diese Woche hast du viel geübt, merkst du, wie leicht es dir fällt?«

Du darfst eine eigene Meinung haben

Die alte Dame ist 78 Jahre alt. Sie hat ihr Leben lang gelächelt, funktioniert, war ein »braves Mädchen«. Ihr Haus ist staubfrei, die Kleidung untadelig, die Sofakissen perfekt symmetrisch geknifft. Und dann, eines Tages, geht es nicht mehr. Sie bekommt Entzündungen, Ausschlag, der Körper ist feuerrot. Und der Arzt sagt: »Machen Sie eine Psychotherapie.«

Die alte Dame wehrt sich, Psychotherapie ist was für Verrückte. Aber die Entzündung wird und wird nicht besser.

Ein paar Wochen und Therapiestunden später steht die alte Dame in ihrem Wohnzimmer und flüstert das erste Mal in ihrem Leben das Wort »NEIN«.

Als sie das ihrer Nichte erzählt, fängt sie an, vor unterdrückten Emotionen zu weinen. »Ich habe Nein gesagt, stell dir das vor! ICH HABE NEIN GESAGT!«

Wow, haben wir gedacht, als uns Mara diese Geschichte erzählt hat. Wie weit sind wir als Gesellschaft gekommen. Die Zeiten, in denen Neinsagen verboten war, sind glücklicherweise lange vorbei und für uns heute kaum mehr vorstellbar. Ziehen wir doch lieber von vornherein gesunde Kinder groß, als später die Psychotherapieplätze suchen zu müssen.

»Traust du dich, mit deiner Meinung alleine zu sein?«, fragt die Sängerin Sarah Connor in ihrem Lied *Augen auf*. Ja, das wäre schön, aber wie zieht man Kinder groß, die sich trauen? Die Forschung ist sich einig: Wir Eltern müssen die entsprechenden Werte vorleben, damit Kinder Zivilcourage und Mut entwickeln. Und wir wissen, dass Kinder zwischen sechs und zwölf Jahren immer mehr Werte von ihren Freunden, ihrer Peergroup übernehmen.

Aber wie wird man mutig?

Mut entsteht aus inneren Gegebenheiten – Selbstwert, Selbstbewusstsein, Selbstwirksamkeit, Selbstvertrauen – und äußeren Gegebenheiten – Elternbeziehung, Erlebnissen, Erfahrung.

Alle Kinder sind mutig auf ihre Art und Weise. Schon bei Kleinkindern gibt es die eher vorsichtigen und die eher draufgängerischen Kinder. Doch wir tun gut daran, uns klarzumachen, dass alle Kinder in der für sie eigenen »Kribbelzone« wachsen, wie Herbert Renz-Polster sagt. Jedes Kind geht immer dorthin, wo es gerade noch aushaltbar ist zwischen dem Vertrauten und dem Unbekannten. Dort wächst es. Dort probt es, durch den dunklen Flur zu laufen, auswärts zu schlafen oder auf Klassenfahrt zu gehen. Das Vertrackte daran ist: Das Kind wird nicht unbedingt mutig, wenn wir es ermutigen. »Los, schlaf doch mal bei Anna, das schaffst du! Na klar, gehst du mit auf die Klassenfahrt, du bist doch schon groß!«, solche Sätze helfen unseren Kindern wenig. Sie führen höchstens zu Übermut – den die alten Griechen gar nicht schätzten, denn er liegt nahe beim Leichtsinn und Leichtsinn ist nicht klug.

Aristoteles beschreibt in der *Nikomachischen Ethik* seine Vorstellung von den Tugenden der Menschen. Er sagt uns ganz klar, was mutig ist und was leichtsinnig: »Wer alles meidet und scheut und nirgends standhält, wird feige: wer sich schlechterdings vor nichts fürchtet, sondern auf alles geradeaus losgeht, der wird tollkühn.« In der Mitte liegt der Mut. Wir müssen uns durchaus auch fürchten und klar darüber werden, wovor wir Angst haben. Dann die Angst zu überwinden oder Risiken abzufedern und loszugehen – das ist Mut. »Mut entsteht immer dann, wenn wir unsere Furcht überwinden und etwas wagen, das wir uns vorher nicht getraut haben. Wir sehen die Gefahr oder spüren, dass wir unsere sichere Komfortzone verlassen müssen, um zu erreichen, was uns wichtig erscheint. Wir haben die Zuversicht, dass wir es schaffen können und entscheiden uns zu kämpfen.«[6]

Mut heißt also, die eigene Angst zu überwinden und dann loszuziehen. Oft sind unsere Kinder darin besser als wir. Sie gehen einfach drauflos – sie wissen nicht von all den Verkehrstoten im Jahr, von der letzten Kindesentführung und den fiesen Achtklässlern im Sportverein. Und das ist auch gut so. Sie sollen losziehen – und wir federn die Risiken ab, die wir abfedern können. Wir geben ihnen etwas zu trinken, die Verkehrsregeln und eine helle Weste mit. Und dann lassen wir sie los. Die Grundlagen dafür haben wir nämlich in den letzten Jahren schon gelegt.

Um mutig sein zu können, brauchen Kinder emotionale Sicherheit, also sichere Bindungen an uns Eltern und ihre Familie. Sie müssen wissen, dass wir da sind, wenn sie uns brauchen – und vor allem, wenn es schiefgeht. Scheitern gehört dazu.

Kinder brauchen Räume, in denen sie sich und ihren Mut, ihre Fähigkeiten und ihre Ideen ausprobieren können. Denn nur wer sich ausprobiert hat, kann herausfinden, wie weit die eigenen Flügel schon tragen. Und sie brauchen die Sicherheit, dass wir sie einfühlsam und wertschätzend begleiten, wenn es nicht klappt. Ein »Siehste! Hab ich doch gesagt, dass das nicht klappt!« entmutigt unsere Kinder. Es ist viel klüger, sie erst einmal zu trösten, mit ihnen zu fühlen und dann bei Bedarf herauszufinden, was wir nächstes Mal anders machen sollten. Das kann so etwas Kleines wie ein Vokabeltest sein, bei dem die Kinder mutig sagen: »Das schaffe ich auch ohne lernen!«, und dann eine schlechte Note kassieren. Dann stellen wir nüchtern fest: »Okay, ich glaube, wenn wir eine gute Note wollen, dann müssen wir die Strategie ändern. Was könnten wir nächstes Mal anders machen?«

Mut hat immer etwas mit Risiko zu tun. Die Lieblingsrisiken von Kindern sind:

- große Höhen
- hohe Geschwindigkeiten
- gefährliche Werkzeuge
- gefährliche Elemente
- Raufen und Kämpfen
- Verschwinden und Verlorengehen[7]

Wir sollten nicht nur Kleinkindern, sondern auch älteren Kindern diese Risiken ermöglichen. Die Forschung zeigt, dass Kinder weniger Risiken eingehen oder gefährliche Mutproben machen, wenn sie klettern, surfen oder Feuer machen dürfen. Dazu gehört auch, dass sie alleine zur Schule gehen, alleine ihre Freunde besuchen, unbeaufsichtigt draußen spielen oder ganz nach oben klettern dürfen. Es hilft ihnen, Gefahren einzuschätzen und auch zu merken, wann es ihnen zu gruselig wird. So lernen sie, Gefahren auszuhalten, ihre Angst in den Griff zu bekommen, Gefahren einzuschätzen und auch zurückzuschrecken, wenn es ihnen doch zu viel ist. Und was ist unsere Aufgabe dabei? Tom Hodgkinson, Autor des *Leitfadens für faule Eltern*, beschreibt es launig: »Eltern sollten mehr Zeit damit verbringen, zu Hause rumzusitzen und einfach nichts zu machen.« Wenn Eltern dem konsequent folgen, bekommen die Kinder automatisch mehr Freiheiten, die sie dann mit freiem Spiel nutzen können. Eltern sollten da sein, wenn sie gebraucht werden, aber nicht in vorauseilendem Gehorsam alles so absichern, dass der Sprössling keine eigenen Grenzerfahrungen mehr machen kann.

Wichtig ist: Wir dürfen unsere Kinder nicht überschätzen. Kinder können nicht automatisch alles »instinktiv«. Sie verpassen den Bus. Sie wissen die Vokabeln doch nicht. Sie verlieren den Hausschlüssel. Das gehört dazu. Wir reagieren am besten gelassen und liebevoll – haben wir nicht auch schon mal als Kind die Buskarte oder den Schlüssel verloren? Eben.

Daher bleibt unsere Aufgabe als erfahrene Erwachsene, der großen Freiheit der Kinder einen sicheren Rahmen zu geben: Wie lange dürft ihr draußen bleiben, wie weit fahren, welche Medien werden wie lange genutzt, und über welche Gefahren müssen wir vorher sprechen und uns auf Opt-out-Strategien einigen. Und dann fassen wir uns ein Herz und lassen die Kinder losziehen – in die U-Bahn, ins Nachbardorf, zur Klassenfahrt.

Zu Mut gehört auch Zivilcourage. Wir haben den Kindern schon früh Empathie und Mitgefühl beigebracht, vorgelebt, gezeigt. Jetzt ist es wichtig, dass sie Werte lernen wie: »Ausgrenzung tut weh, Helfen ist wichtig.« Wenn sie fühlen, dass etwas falsch ist, dann dürfen sie das sagen. Auch wenn wir Eltern etwas falsch machen, sagen oder erinnern. Das ist nicht immer angenehm – aber es erzieht mutige Kinder.

Gerd Meyer schreibt in seinem Buch *Mut und Zivilcourage*: »Der konservative ›Mut zur Erziehung‹ setzt auf Normerfüllung, Disziplin und Autoritätsgehorsam. Doch Strenge und Unterordnung fördern nicht den Mut, aufrecht seinen Weg zu gehen.« Für ihn gehört es dazu, dass Kinder nicht nur geliebt, sondern ernst genommen werden. Eltern sollten daher immer mit Respekt und Wertschätzung ihren Kindern gegenüber handeln. Sätze wie »Was erzählst du nur für einen Quatsch!« oder »Das glaubst du doch selbst nicht, dass du das schaffst!« sind tabu. Sie demütigen das Kind und erziehen nicht zu Selbstachtung. Selbstachtung ist aber die Grundlage für die Achtung von anderen.

selbstwert

Du bist okay, so wie du bist

Wie lernen Kinder, dass sie okay sind? Es fängt ganz früh an, bei den Babys. Wenn sie erleben, dass wir ihre Äußerungen ernst nehmen, dass ihr Wimmern oder Weinen etwas bewirkt, dann haben sie schon mal gute Karten. Um sich selbst ernst zu nehmen, ist es auch immens wichtig, sich selbst zu spüren – ganz praktisch: Kinder, die getragen wurden, die in den Arm genommen werden, die wir fragen: »Wie fühlst du dich?«, denen fällt es leichter. Wenn sie hingegen hören: »So kalt ist es doch gar nicht«, »Jetzt wein doch nicht!«, »Ist doch nichts passiert!«, ist es viel schwieriger, sich selbst zu fühlen – und sich selbst okay zu fühlen.

Weiter geht es mit der Kleinkindzeit: Wenn wir die Kleinkinder ihre Schuhe binden lassen (und ja, wir wissen, es dauert immer dann ewig, wenn wir einen wichtigen Arzttermin haben, bei uns auch!), dann erleben sie drei Dinge: Ich bin wichtig genug, dass man auf mich wartet, ich bin wirksam und tue es alleine, und ich bin selbstbewusst und kann das schaffen.

Daraus entwickelt sich dann bei unseren älteren Kindern Selbstwirksamkeit und Selbstwert.

Selbstwert entwickelt sich nicht daraus, dass wir unsere Kinder ständig toll finden. Wir werden sie erstens nicht ständig toll finden. Und andere werden es auch nicht ständig toll finden. Darum geht es auch gar nicht. Es geht darum, einen Selbstwert zu entwickeln, der erst mal unabhängig ist von der Bewertung anderer. Ich bin okay. Das heißt nicht im Sinne eines selbstverliebten Machthabers: »Der Staat, das bin ich!«, wie es dem absolutistischen »Sonnenkönig« Ludwig XIV. selbstherrlich zugeschrieben wird. Es heißt: Ich bin okay, auch wenn ich nicht perfekt bin. Ich muss nicht alles richtig machen, um geliebt zu werden. Aber ich bin Teil einer Gemeinschaft, und die Gemeinschaft ist wichtig. Denn zu jeder Beziehung gehören drei: Ich, Du und die Beziehung. Um alle drei müssen wir uns kümmern. Das können auch schon Kinder lernen: Danke, Bitte, Gute Nacht und Guten Morgen gehören zur Beziehungspflege. Aber wenn wir es mal vergessen, sind wir keine schlechten Menschen, sondern wir üben eben noch. Und das reicht.

Ein Witz unter Psychologen: Woran erkennt man ein Psychologen-Kind? Bei einem Streit rennt es wie andere Kinder aus dem Raum und schreit: »Mama, du bist doof!« Aber nach drei Sekunden kommt es zurück und korrigiert sich: »Warte, nein: DU bist nicht doof. Aber dein Verhalten eben, das fand ich echt bescheuert!«

Der Witz beschreibt mit umgedrehten Rollen, was Psychologen Eltern schon lange raten: Wir bewerten nicht das Kind als Person, sondern nur sein Verhalten. Selbst, wenn es gerade den Schlüssel versteckt, seine kleine Schwester gehauen oder den Mathe-Test versemmelt hat, muss seine Integrität als liebenswerter Mensch gewahrt bleiben (das gilt übrigens auch für Partner, Freunde etc.). »Dass du den Schlüssel versteckt hast, finde ich wirklich ärgerlich, und ja: Du bist ein liebenswerter Mensch und ich weiß, dass wir alle mal Dummheiten machen.«

NICOLA: In meinem *Mut*-Buch steht: »Zusammenfassend können wir sagen: Das Selbstbild sagt dem Kind, wie es ist: groß, klein, dick, dünn, blond, ungelenk. Das Selbstbewusstsein sagt einem Kind, was es kann: »Ich bin ein guter Kletterer, nicht so gut in Mathe, kann gut tanzen.« Die Selbstwirksamkeit sagt einem Kind, was es erreichen kann: »Wenn ich viel übe, kann ich bald über den Bach springen.« Der Selbstwert bestimmt, was das Kind aus all dem macht, wie es sein Selbst bewertet: »Ich bin zu groß/zu klein/genau richtig, ein guter Freund, wirklich hartnäckig oder leider schrecklich ungelenk.«

Wenn wir Kinder guten Gewissens in die Welt entlassen wollen – und seien es nur die ersten Schritte –, dann tun wir gut daran, ihnen einen guten Selbstwert mitzugeben. Denn wenn das Kind davon ausgeht, dass es Situationen richtig einschätzen und lösen kann, der wird auch viel sicherer dort draußen sein. Und es wird aus all den Steinen, die ihm begegnen, etwas Schönes bauen können, wenn wir ihm begreiflich gemacht haben, dass es nicht perfekt sein muss, um geliebt zu werden, und dass wir es als einen in sich guten, motivierten, ehrlichen Menschen betrachten – der halt manchmal wie alle Menschen auch ins Klo greift. Aber darum geht es nicht. Auch bei uns Eltern nicht. Es geht darum, dass wir uns bemühen, gute Menschen zu sein.

Selbstwert bedeutet auch, dass wir die Welt der Kinder anerkennen. Manchmal tun Kinder in ihrer Welt Dinge, die wir nicht verstehen oder nicht mögen. Eine Mutter schrieb uns:

»Meine Jungs wollen immer mit Waffen spielen, aber mein Mann ist strikt dagegen und die Betreuer in der Schule verbieten es auch. Ich bin mir nicht sicher – dürfen sie oder dürfen sie nicht?«

Die Antwort lautet: Sie dürfen. Denn wenn wir es verbieten und empört sagen: »Es gibt so viel Krieg in der Welt, wie kannst du nur mit Waffen spielen wollen!«, dann schämen sich die Kinder für ihre Lust am Herumballern. Aber das bringt sie nicht weiter. Denn offenbar spielen alle Kinder in einer bestimmten Phase mal »Krieg« – ob das der Krieg gegen wilde Tiere ist, also Jagdspiele, oder das Nachspielen von Büchern, Filmen oder einfach nur »Räuber und Gendarm«. Es ist wichtig, dass wir den Kindern den Unterschied zwischen Spiel und Ernst klarmachen und ihnen helfen, ihr Spiel mit mehr Aspekten als dem reinen Waffenspiel auszustatten. Denn Soldaten, Ritter oder Cowboys ballern nicht nur herum, die bauen Burgen, tarnen sich, schleichen.

Die Grundfrage ist ja: Machen Waffen Kinder aggressiv? Und die Antwort lautet klar: Nein. Kinder zeigen mehr aggressives Spiel, wenn sie streng erzogen werden, gewaltvolle TV-Serien schauen oder autoritäre Eltern haben.[8] Kinder spielen vor allem dann wirklich aggressiv mit Waffen, wenn sie ohnehin unter Druck stehen – sie geraten nicht dadurch unter Druck, dass sie mit Waffen spielen. Wenn wir dieses »Ventil« verschließen, wird sich der Druck andere Wege suchen. Besser ist es wie immer, die Ursache zu suchen: Hat das Kind gewaltsame Dinge beobachtet oder erlebt? Wird das Kind bestraft oder sogar geschlagen, ist es gewaltsamer Konfliktlösung in der Familie hilflos ausgeliefert? Dann braucht das Kind Hilfe, keine Beschämung. Wenn wir Kindern das Spiel mit Waffen verbieten, spielen sie es heimlich weiter – aber voller Scham.[9]

Wichtig ist auch, dass wir uns klarmachen: Kinder können sehr gut zwischen Spiel und Ernst unterscheiden. »Wir spielen ja nur!«, sagen die Kinder, und sie meinen das ernst. »Die Studie zeigt, dass gespielte Aggression und wirkliche Aggression sehr verschiedene Konstruktionen sind. Eine gewisse Menge Aggression im Spiel mit Waffen ist einfach Teil der Geschichte.« Und Kinder sehen das ganz klar als Teil des Spiels, als etwas, das sie in der »wirklichen« Welt nie tun würden.

Was tun wir, wenn wir uns Sorgen machen? Wir spielen aktiv mit und stellen fest, wie die Kinder spielen. Wenn es rein ums Herumballern geht, bringen wir mehr Aspekte ins Spiel: Wir verstecken uns, schleichen uns an, bauen Wälle etc. Die langjährige Herausgeberin der Zeitschrift *Mothering*, Peggy O'Mara, fasst es so zusammen: »Ich habe meinem Sohn einst gesagt, dass ich mir Sorgen mache, weil er mit Soldatenfiguren spielt, und er sagte zu mir voller Ernst: Mama, ich bin doch nicht im Krieg.«

Dasselbe gilt übrigens für alles andere, das die Kinder toll finden und wir nicht: Smartphone-Spiele, Süßigkeiten, Plastikspielzeug. Es ist wichtig, dass wir anerkennen, dass das Kind Dinge toll finden darf, die wir nicht toll finden. Und dann ins Gespräch kommen, welcher Meinung wir jeder sind und wie wir eine gemeinsame Basis finden.

innerer frieden

Du bist sicher

Eines der Bücher, die die Anfänge der bindungsorientierten Elternschaft einläuteten, war in den 1970er-Jahren *Auf der Suche nach dem verlorenen Glück* von Jean Liedloff.[10] Liedloff hatte eine Zeit lang mit den südamerikanischen Yequana gelebt und dort einen sehr hohen Grad an Zufriedenheit festgestellt. Einige ihrer Ansichten muten aus heutiger Perspektive eher seltsam an, aber vieles stimmt auch mit den Erkenntnissen der modernen Bindungsforschung überein, deswegen ist das Buch immer noch interessant zu lesen, auch wenn wir bei aller Waldliebe nicht »zurück in den Dschungel« wollen. (Zumindest nicht immer.)

Das Spannende für uns im Zusammenhang mit *Wild World* ist eigentlich der deutsche Untertitel von Jeans Buch. Er lautet: *Gegen die Zerstörung unserer Glücksfähigkeit in der frühen Kindheit*. Wir sind mehr für einen Erhalt der Glücksfähigkeit. Erhaltung der Glücksfähigkeit hat viel mit Bindung, Sicherheit, Resilienz und all den anderen Themen zu tun, die wir hier im Buch besprechen. Zufrieden zu sein macht nicht nur offensichtlich … nun, glücklicher, sondern auch gesünder.

Forscher wissen schon lange, dass Menschen zum Beispiel ein geringeres Herzinfarktrisiko haben, wenn sie regelmäßig Liebe, Freude und Wohlbefinden erleben. Das Immunsystem funktioniert besser und kann entzündlichen Prozessen im Körper besser begegnen.[11]

Die US-Psychologin Carol Ryff von der University of Wisconsin studierte »bereits Wohlbefinden, bevor es cool war. Zwanzig Jahre, bevor wir alle anfingen, über gutes Gedeihen und Wohlbefinden zu reden, arbeitete Ryff an der University of Wisconsin in Madison bereits still vor sich hin an dem Problem«.[12] Diese Arbeit führte zu einem Modell, in dem sie sechs Faktoren für menschliche Zufriedenheit herausfilterte.[13]

Diese sechs Faktoren sind:[14]

- **Autonomie.** Ein hoher Grad an Autonomie bedeutet, dass jemand unabhängig von anderen ist und das eigene Benehmen unabhängig von sozialem Druck regelt. (»Ich vertraue auf meine eigene Meinung, selbst wenn diese von der Massenmeinung abweicht.«) Das ist etwas, das einige sicher gebundene Kinder wunderbar beherrschen – und wir wissen, dass es manchmal verdammt anstrengend sein kann. Aber letztlich ist es eine Qualität, die zum positiven Lebensgefühl beiträgt.
- **Aktive Umweltgestaltung.** Wir nennen das Selbstwirksamkeit. In dem Augenblick, in dem man in seiner Umwelt etwas ausrichten kann, steigt die Zufriedenheit erheblich – beziehungsweise sinkt sie, wenn man sich hilflos und ausgeliefert fühlt.
- **Persönliches Wachstum.** Neue Erlebnisse, neue Erfahrungen und eine abenteuerlustige Grundhaltung der Welt gegenüber sind ebenfalls ein Faktor, den Ryff als entscheidend identifiziert

hat. (»Ich halte neue Erlebnisse für wichtig, die mein Denken und meine Fähigkeiten herausfordern.«)

- **Positive Beziehungen.** Bedeutsame, tiefe Beziehungen mit anderen, die gekennzeichnet sind durch gegenseitige Zuneigung, Mitgefühl und Intimität (in dem Sinne, dass man offen zueinander ist).
- **Lebenssinn.** Lebenssinn bedeutet hier eine klare Zielorientierung und die Überzeugung, dass das eigene Leben eine Bedeutung hat.
- **Selbstakzeptanz.** »Ich finde mich eigentlich ziemlich gut« – das sagen viele Kinder noch. Aber wie viele Erwachsene? Es hat auch fast etwas Unanständiges, oder? Dennoch: Lasst es uns kultivieren, und wenn es zunächst nur deswegen ist, weil wir uns nicht wünschen, dass unsere Kinder irgendwann anfangen, an sich selbst herumzukritteln, weil ihnen ihre Haare nicht gefallen, die Nase zu groß ist oder die Stimme zu quietschig. In ihrer Vielfalt sind Menschen großartig.

Obwohl wir diese sechs Faktoren so aufgelistet haben, seht ihr, dass das alles ineinandergreift. Lebenssinn – Selbstwirksamkeit – bedeutsame Beziehungen. Autonomie – Selbstakzeptanz. Kommt euch noch etwas bekannt vor?

Wir haben hier ziemlich viele Parallelen zur Resilienzforschung entdeckt. Glücksfähigkeit und Resilienz hängen möglicherweise eng miteinander zusammen. Auf jeden Fall machen beide unsere Kinder stark – und lassen uns mit einem guten Gefühl zurück, wenn sie in die Welt hinausziehen.

bindung

Du gehörst zu mir/uns

Klar ist Bindung wichtig. Das ist eine Binsenweisheit. Aber meistens denken und reden wir dabei über Babys und Kleinkinder, die gerade die Welt entdecken.

Wenn die Kinder dann größer werden, ist es nicht mehr ganz so einfach. Denn sie sind tagsüber viel unterwegs und sie »brauchen« uns ja nicht mehr so sehr. Oder? Wir sagen: Doch, sie brauchen das noch. Zwar anders als die Babys und Kleinkinder, sie wollen nicht mehr ständig auf den Schoß und in dem Arm, aber sie brauchen genau wie Erwachsene auch Berührung und Bindung.

Deshalb möchten wir dafür plädieren, dass wir darauf achten, dass wir die Großen auch noch in den Arm nehmen. Dass wir sie auch noch mal auf den Rücken oder einfach hochnehmen, noch mal drehen, noch mal mit ihnen kuscheln. Wir verlangen oft viel von den »großen« Kindern, besonders wenn wir gestresst sind oder kleine Geschwister dabei sind. Aber auch unsere Großen sind noch klein oder müssen manchmal klein sein dürfen. Müssen wir Erwachsene das nicht manchmal auch?

NICOLA: Ich erinnere mich noch, wie mein Vater zu mir kam und sagte: »Du kannst nicht mehr, ich sehe das, komm doch einfach zu uns.« Ich war 35 Jahre alt. Und ich war unendlich erleichtert. Ich fiel in die Arme meiner Eltern und ließ mich von ihnen halten in einer der schwierigsten Phasen meines Lebens. Sie waren einfach für mich da und das tat so gut! Und ich freue mich jedes Mal, wenn ich bei meinen Eltern bin – weil sie mich einfach jedes Mal in den Arm nehmen. Beide! Und es ist so schön, auch wenn ich jetzt schon so alt und groß bin. Nach einem langen Tag von meiner Mama und meinem Papa in den Arm genommen zu werden, entspannt mich mehr als eine Woche Urlaub. Ich glaube, für eine liebevolle Umarmung ist man nie zu alt.

Das ist vielleicht der schwierigste Teil. Denn meine Eltern schreiben mir schon lange nicht mehr vor, wie ich zu leben habe, wann ich ins Bett gehe und wie lange ich abends am Rechner sitzen darf. Sie haben mich losgelassen. Sie haben mich freigelassen. Aber wenn ich strauchele, sind sie trotzdem immer noch für mich da – obwohl ich erwachsen bin und zwei Kinder habe.

Fazit: Wir sollen unsere Kinder weiterhin in den Arm nehmen – wirklich und im übertragenen Sinne. Und gleichzeitig sollen wir sie loslassen. Und wenn es schiefgeht mit der Freiheit und der Selbstverantwortung, nehmen wir sie eben wieder in den Arm. Gar nicht so einfach! Aber am Ende machen wir es mit Erwachsenen ja nicht viel anders, oder?

Woran merken wir, dass unsere Kinder uns brauchen? Viele Kinder fangen an zu weinen, auch als »große« Kinder, wenn sie überlastet sind. Andere ziehen sich zurück und werden stumm – was viel schwieriger zu deuten ist. Wir müssen also weiterhin hinsehen. Unserem Kind in die Augen schauen und uns fragen: »Wie geht es diesem Kind heute?«

Die Kehrseite von diesen Ideen wäre es übrigens, den Kindern ständig zu signalisieren: »Du bist schon groß, du musst wissen, wo deine Sachen sind, komm alleine klar!«, und ihnen gleichzeitig keine Freiheiten zu geben: »Solange du deine Füße unter meinen Tisch stellst …!« Keine gute Idee. Viele können ein Lied davon singen, wie sich das anfühlt.

Und das Gute ist: Wir müssen das nicht sofort können. Wir lernen es einfach zusammen mit den Kindern: Liebe und Nähe und Anforderungen und Freiheit. Denn unsere großen Kinder müssen natürlich nicht nur gehalten werden, sie lernen auch zu sehen, dass sie Teil einer Gemeinschaft sind. Und diese Gemeinschaft braucht auch etwas – nämlich Fürsorge.

NICOLA: Wir sagen den Kindern immer wieder: Ihr seid hier zu Hause. Egal, was ihr anstellt, hier seid ihr immer sicher. Und gleichzeitig müssen wir dieses Zuhause pflegen. Wir halten Familienkonferenzen ab und tauschen uns aus. Wir räumen gemeinsam auf. Wir arbeiten miteinander statt gegeneinander. Wir wollen gemeinsam eine gute Zeit haben – aber wir gehen auch in die Konflikte, wenn sie auftauchen, und lösen sie. Wir sind darin nicht perfekt und es klappt nicht immer. Aber manchmal schaut mein Zehnjähriger mich an und sagt: »Mama, Arm!«, und schmiegt sich an mich und dann starten wir den Tag neu – genauso wie wir es gemacht haben, als er vier war. Und ich bin froh um diese Verbindung.

JULIA: Wir haben es nie geschafft, ritualisierte Familienkonferenzen abzuhalten, aber wir pflegen sehr bewusst gemeinsame Zeiten, auch jetzt noch, wo mein Sohn beinahe erwachsen ist. Wir gehen zusammen mit dem Hund, wir hängen gemeinsam die Wäsche auf, oder wir hocken auch mal einfach zu dritt auf dem Sofa und gucken in unsere Geräte. Wir unterstützen uns gegenseitig in unseren Interessen und helfen bei den Sachen, die dem anderen wichtig sind.

»Kannst du mir Fotos von meinen Büchern machen?« – »Klar.«

»Kannst du mich morgen mit der Musikanlage von der Schule abholen?« – »Kann ich einrichten.«

Gleichzeitig sprechen wir auch darüber und suchen Lösungen, wenn etwas nicht rundläuft, wenn bei der Party der neue Computer mit Bier begossen wird oder die Mathelehrerin nicht richtig erklären kann. Mir ist wichtig, dass er weiß, wir sind immer und immer und immer da, wenn er uns braucht – ganz egal, was er »getan« hat. Genauso, wie mein Papa da war und mir geholfen hat, den Kotflügel auszubeulen, als ich mit 25 mein Auto (wiederholt) geschrottet habe. Es war einfach ein Grundgefühl von Sicherheit, das ich hatte, und das möchte ich gern weitergeben.

Dieses Grundgefühl der Sicherheit und des Zuhauseseins in der Welt zieht sich dann durchs ganze Leben, und es hat nicht nur mit der eigenen Wohnung oder dem eigenen Haus zu tun. Es ist etwas, das tiefer geht als das.

NICOLA: Auf einem Kongress in Köln hatte die Babysitterin meine fünfjährige Tochter aus den Augen verloren. Wir suchten das Kind über eine halbe Stunde und fanden sie dann zusammengekauert, aber ganz ruhig, im Untergeschoss der Jugendherberge. Dort saß sie. Und sang! Ich sprang zu ihr, zog sie an mich und fragte, ob alles okay sei. »Ja«, sagte sie mit ihrer glockenhellen Stimme ganz ruhig, »weißt du, Mama, wir haben doch dieses Lied, in dem wir immer singen, ›Mutter Erde trage mich, dein Kind bin und bleibe ich‹, das habe ich gesungen und dachte, dass Mutter Erde mich trägt, bis du mich wiederfindest. Und so war ich die ganze Zeit sicher!«

Das Lied heißt *The River is flowing* und seit diesem Tag kommen mir immer die Tränen, wenn ich es singe. Ja, Mutter Erde trägt meine Kinder und wenn sie dem vertrauen, werden sie immer und überall auf diesem Planeten sicher sein.

Dieses absolute Vertrauen, gehalten zu sein, geliebt zu sein, sicher zu sein – das ist das, was wir den Kindern mitgeben wollen. Die Welt ist ein guter Ort.

humor

So ernst ist das alles gar nicht

Humor ist der letzte Ausrüstungsgegenstand, den wir in den Rucksack packen möchten. Das Gute an Humor ist: Er passt in jede noch so kleine Ritze und füllt jede noch so winzige Lücke. Humor passt immer noch mit rein. Was gut ist, denn man braucht ihn im Leben mit Kindern ganz unbedingt.

Schließlich muss man sich nicht selten zwischen einer Standpauke und einem Lachanfall entscheiden. Das fängt mit verschmierten Wänden an und geht mit dem Streich in Nachbars Garten weiter. Im Zweifelsfall ist der Lachanfall immer die bessere Lösung. Warum ist gemeinsames Lachen so wichtig?

Humor, gleich ob laut oder leise, hilft dabei, auch in schwierigen Situationen den Kopf oben zu behalten. Er ist der »Schwimmgürtel auf dem Strom des Lebens«, so formulierte es der deutsche Erzähler Wilhelm Raabe. Und die Forschung gibt ihm recht.

Lachen löst Ängste und stärkt die Bindung. Und wenn wir unseren Kindern etwas beibringen wollen, etwa dass der Fußball nicht in Nachbars Rosenbeet gehört, dann lernen sie das deutlich besser, wenn sie nicht unter Stress stehen und keine Angst vor uns haben. Natürlich müssen sie lernen, Regeln zu beachten. Aber nicht mit Drohen oder Bedrohen. Mit einem klaren, freundlichen: »Schatz, Mist, *das* ist mir auch ständig passiert, aber es *sollte* nicht passieren, okay? Stell dir mal vor, *alle* würden ihre Fußbälle in Müllers Rosenbeet schmeißen, das wäre ja das reinste Bällebad!«, ist schon viel erreicht.

»Lachen ist ein Signal für andere, dass jemand nicht bedrohlich, sondern gut gelaunt ist. Daher fühlt man sich von fröhlichen Menschen auch angezogen«, sagt Ilona Papoušek, Psychologin an der Universität Graz. Und man hört fröhlichen Menschen besser zu. Wenn Kinder auf Durchzug schalten, dann oft, weil sie sich abgelehnt, nicht gesehen und allein fühlen. Mit Humor können wir all das abmildern.

Und wir können wieder in Kontakt gehen, wenn wir uns richtig gefetzt haben. »Ich hab doch gesagt, wenn du ohne Jacke gehst, ist es zu kalt, verflixt, jetzt hast du Halsschmerzen, das ist doch doof!« »Na und? Das hätte dir auch passieren können, bin ich halt nicht krank!« »Darum geht es doch gar nicht! Aaargh, ich werde dich nächstes Mal in so viele Schals einwickeln, dass ich dich wie einen Marshmallow-Mann zum Auto rollen kann, damit du auf dem Reitplatz nicht frierst! Du wirst zwei Pferde brauchen, so dick werde ich dich einpacken! Und mich auch! Wir werden ein neues Auto kaufen müssen!« Und schon lachen alle wieder und die Kinder hören trotzdem, was uns wichtig ist.

»Lachen erzeugt im Gehirn einen positiven, belohnenden Effekt«, erklärt die Psychologin Papoušek. Gemeinsames Lachen heißt: Wir gehören zusammen, wir können aufeinander zählen, wir halten zusammen – wir sind eine Familie, wenn wir auch nicht immer einer Meinung sind.[15]

Besonders in stressigen Situationen kann Lachen Wunder wirken. Wenn wir eilig zum Zug müssen und nicht wissen, ob wir ihn noch kriegen, wenn wir im Stau stehen und alle Hunger haben, wenn die Kinder ständig vergessen, was sie noch tun sollen, wir aber selbst schon total müde sind: Wenn wir es schaffen, jetzt noch den Humor zu behalten (uns ausmalen, wie wir wild dem Zug hinterherlaufen und schimpfen wie Donald Duck, im Stau den anderen Fahrenden lustige Berufe unterjubeln oder abends einfach auch alles stehen und liegen lassen und uns über das Chaos amüsieren …), dann helfen wir uns selbst.

»So bremst beispielsweise das Gehirn beim Lachen die Produktion von Stresshormonen wie Adrenalin und Kortisol. Anspannung und Stress werden wie durch ein Sicherheitsventil abgelassen.« Und: »Beim Lachen wird verstärkt Serotonin ausgeschüttet. Dies wird plakativ auch als Glückshormon bezeichnet. Wer viel lacht, fühlt sich also besser«, sagte Prof. Carsten Niemitz, Leiter des Instituts für Humanbiologie und Anthropologie an der Freien Universität Berlin, gegenüber der Tageszeitung *DIE WELT*.[16]

Menschen sind übrigens nicht nur eine kooperativ aufziehende Art, wir sind auch eine kooperativ Unsinn machende Art – wir lachen rund dreißigmal häufiger, wenn wir in Gesellschaft sind. Je besser wir den anderen kennen, desto mehr, desto lauter, desto herzlicher lachen wir mit ihm oder ihr. Wenn wir gemeinsam über etwas lachen, führt es außerdem dazu, dass wir uns einander näher fühlen – ein positiver Kreislauf, den wir schon mit der Witze-Spalte der Tageszeitung am Abendbrottisch in Gang setzen können.

Aber Vorsicht – bleiben wir aufrichtig. Die Spaßforschung sagt: Wenn uns nicht zum Lachen ist, dann sollten wir es auch bleiben lassen. Menschen – vor allem Kinder, davon können wir getrost ausgehen – erkennen ein gespieltes Lachen in Sekundenschnelle. Ein aufrichtiges Lachen oder ein freundliches Lächeln jedoch verbessert die Stimmung sogar dann, wenn es gerade um unangenehme Themen geht. Und mit etwas Übung kann man im größten Schlamassel den Humor finden – wenn wir es schaffen, uns selbst und den Rest der Welt nicht so bierernst zu nehmen.[17]

NICOLA: An manchen Tagen ist mir wirklich nicht zum Lachen. Und dann denke ich an die Klinik-Clowns. Eine Pilotstudie aus

Greifswald ergab, dass der Oxytocin-Spiegel kranker Kinder vor einer OP um 30 Prozent erhöht war, wenn sie vorher viel mit den Clowns gelacht hatten. Das hieß konkret: Die Kinder hatten weniger Angst vor dem Eingriff, mehr Zutrauen zu den Ärzten und weniger Stress. Klinik-Clowns leisten Unfassbares, finde ich, wenn sie bei schwer kranken Kindern mit Lachen die Schmerzen lindern und jeden Tag kleinen Menschen helfen, Unaushaltbares auszuhalten. Und dann wird mir klar: Natürlich, es geht. Wenn diese Menschen das in der Kinderklinik können, einem Ort, an dem mir ausschließlich zum Heulen ist, dann können wir das in unserer Küche auch.

Humor kann, muss aber nicht mit lautem, herzhaftem Lachen verbunden sein. Er kann sich auch in stillem Amüsement über die Absurditäten des Lebens äußern. Von vielen Familien haben wir gehört, wie sehr sie den oft hintergründigen Humor ihrer Kinder schätzen, und zwar weit vor der Witzephase.

Und hier noch ein besonderer Tipp: Wenn uns gar nicht zum Lachen zumute ist, können wir uns helfen lassen: Unter www.hoho-haha.de finden Interessierte den Europäischen Berufsverband für Lachyoga und Humortraining e.V. inklusive Terminübersicht!

WILD KIDS

Die größte Sehenswürdigkeit, die es gibt,
ist die Welt. Sieh sie dir an.

Kurt Tucholsky

grenzen

Über Grenzen ist schon so viel geschrieben worden, dass wir das Gefühl haben, keiner mag es mehr hören. Und doch sind sie immer noch und immer wieder Thema, und zwar in ganz unterschiedlichen Zusammenhängen.

Deswegen müssen wir erst einmal klären, wovon wir hier sprechen. Dafür hilft das Modell der Urzelle, das die große Pädagogin Rebeca Wild nutzte. »Aus (der) Ursuppe entwickelten sich irgendwann Einzeller, lebende Organismen, und erstmals gab es ein Innen und ein Außen. Beide standen miteinander im Austausch. Das ist wichtig. Die Zelle war kein abgeschottetes, isoliertes Wesen, sondern hatte eine halbdurchlässige (…) Membran, durch die Informationen und Nährstoffe in sie herein und aus ihr hinaus gelangen konnten. Auch das ist wichtig, denn ohne den Austausch mit der Umwelt wäre die Urzelle sehr schnell gestorben.«[1]

Wie gesagt, es ist ein Modell. Bei einem Menschen wäre der Zellkern unser »Ich« und der Rest der Zelle der Raum, den wir als den unseren empfinden, sowohl räumlich als auch im übertragenen Sinne. An der unsichtbaren Grenze um unseren Raum findet der Austausch mit unserer Umgebung statt – in alle Richtungen.

»Grenzen lernen« bedeutet für uns in diesem Kapitel: unseren Kindern zu ermöglichen, ihre eigenen Grenzen spüren und kommunizieren zu lernen – oder nicht zu verlernen. Das beinhaltet, dass sie dafür entsprechende Vorbilder haben – uns – und gegebenenfalls Hilfe erhalten, wenn es darum geht, ihre Grenzen nach außen zu wahren.

Exkurs: Der Unterschied zwischen Regeln und Grenzen

Wenn Erwachsene sagen, Kindern müsse man »Grenzen setzen«, meinen sie oft in Wirklichkeit, dass Kinder lernen müssten, sich an bestimmte Regeln zu halten.

Dem steht erst einmal nichts entgegen. Wir leben in einer Menschengruppe, in dieser gibt es bestimmte Regeln, seien sie durch Moralvorstellungen, Gewohnheiten, persönliche Präferenzen oder was auch immer entstanden. Eine Regel ist so etwas wie: »Bei Opa zu Hause wird beim Essen nicht geschmatzt.«

Regeln können Kindern leicht willkürlich vorkommen, deswegen ist es meist hilfreicher, über persönliche Grenzen zu sprechen: »Ich finde es unangenehm, wenn du beim Essen schmatzt. Bitte tu das nicht.«

Dasselbe gilt für alle Bereiche, in denen Erwachsene »Grenzen setzen«.

Vor dem Essen isst man keine Süßigkeiten. – Wer ist »man«? Besser: Stopp. Wenn du jetzt Süßigkeiten isst, hast du gleich keinen Hunger mehr, und das Mittagessen ist wichtig für deinen Körper. Den Keks kannst du danach essen.

Mit Regeln und Grenzen helfen

Spannend wird es, wenn die Regeln der Welt da draußen auf die eigene persönliche Grenze des Kindes stoßen. Dann brauchen die Kinder oft unsere Hilfe. Bei Nicolas Sohn in der Schule zum Beispiel gab es die Regel, dass die Kinder in der Pause eine Jacke anziehen mussten. Ihrem Sohn war das – persönliche Grenze – aber zu warm. Was tun?

NICOLA: Mein Sohn kommt an einem sonnigen Herbsttag von der Grundschule nach Hause und pfeffert seine Jacke in die Ecke: »Ich geh da nie wieder hin, nie wieder!«

»Wo gehst du nie wieder hin?«, frage ich, ganz Schnellkapierer-Mutter.

»In die Schule! Mir reichts!«

Das Kind erzählt, dass die Pausenaufsicht heute – es ist ja Herbst – beschlossen hat, dass alle Kinder eine Jacke tragen müssen. Die Klasse hat gerade ein Gewaltpräventionstraining gemacht. Dabei haben sie – als Missbrauchsprävention – gelernt, dass ihr Körper ihnen allein gehört und niemand sie ohne ihre Erlaubnis anfassen darf. »Sie hat mich angefasst! Sie hat versucht, mir die Jacke anzuziehen! Und dann hat sie mich wieder in den Klassenraum reingezogen! Das darf sie nicht!« Mein Kind ist außer sich.

Und ich muss ihm zustimmen. Aber wie setzt man jetzt eine Grenze, ohne es sich mit der Schule zu verscherzen?

Mein erster Impuls ist es zwar, »richtig auf den Putz zu hauen«, aber wenn ich die Grenze so setze, gibt es nur Ärger. Druck erzeugt Gegendruck. Ich wähle den direkten Weg. Ich rufe die Rektorin an und erkläre die Lage: Mein Kind friert nicht so schnell, ich möchte, dass er selbst entscheiden darf, ob er sich eine Jacke anzieht, das ist ja auch für alle einfacher, und wie wir das wohl bewerkstelligen könnten? Sie erklärt mir, dass andere Eltern sich beschweren, wenn die Kinder nicht zum Jackentragen gezwungen werden. So was, denke ich, also so sieht die andere Seite der Geschichte aus. Darauf wäre ich nie gekommen, aber gut. Ich schreibe also in dreifacher Ausfertigung einen kurzen Brief: Sehr geehrtes Lehrerkollegium, mein Sohn darf selbst entscheiden, wann er eine Jacke trägt. Vielen Dank, Nicola Schmidt.

Um sicherzugehen, spreche ich ein paar strategisch wichtige Personen freundlich darauf an, dass sie sich selbstverständlich nicht die Mühe machen müssen, meinem Kind eine Jacke anzudrehen – sie hätten ja auch so genug zu tun.

Und so durfte mein Kind ab sofort selbst entscheiden und wir hatten unsere Grenze gezogen – ohne Druck, aber trotzdem bestimmt.

Wenn wir uns mit Eltern unterhalten, scheint es manchmal so, als wären die Regeln und Grenzen anderer Menschen einzig und allein dazu erfunden worden, den eigenen Nachwuchs in seiner Freiheit einzuschränken. Sind sie aber nicht, sondern meist sind sie aus gewachsenen Strukturen überliefert. Ob diese immer taugen, sei dahingestellt, aber das Verständnis darum hilft, neutral und sachlich zu bleiben und unseren Kindern gegebenenfalls dabei zu helfen, ihre eigenen Grenzen klarzumachen.

Egal, ob sie fünf, sechs oder schon zwölf sind – es gibt Situationen, da brauchen Kinder unsere Hilfe dabei.

»Grenzen lernen« bedeutet nichts weniger als:

- die eigenen Grenzen spüren und das kommunizieren
- die Grenzen der anderen spüren und damit umgehen

Wie aber bereiten wir unsere Kinder darauf vor, dass sie irgendwann Schwierigkeiten überwinden können? Wie erklären wir ihnen, dass anderswo vielleicht andere Regeln gelten, ihre eigene Wahrnehmung für sich selbst aber doch richtig und wichtig ist? Kurz gesagt: Wie lernen unsere Kinder, ihre eigenen Grenzen konstruktiv zu kommunizieren und die anderer Menschen zu achten?

So geht's! Empathisch Grenzen setzen – Schritt für Schritt

Schritt 1

Als Erstes: durchatmen. Fühlen, was gerade passiert ist. Welche Grenze wurde gerade überschritten? Oder wird sie gleich überschritten? Wie fühlt sich mein Körper an? Wo meldet mein Körper, dass eine Grenze überschritten wurde – wo fühle ich den damit verbundenen Ärger, Druck oder Stress?

Schritt 2

Das Gefühl annehmen: Wir dürfen ärgerlich sein oder gestresst. Solche Gefühle helfen uns, überhaupt zu merken, dass eine Grenze überschritten wird. Wir können uns bei dem Gefühl bedanken und sagen: »Hey, danke, Ärger, dass du für mich als Alarmsignal da bist.«

Das Gefühl annehmen bedeutet auch, dem eigenen Urteil zu trauen und die eigene Grenze anzuerkennen, und zwar absolut unabhängig davon, ob die beste Freundin Legosteine im Wohnzimmer duldet oder nicht. Wenn du sie gerade nicht ertragen kannst, dann ist das so.

Schritt 3

Im Kontakt mit uns selbst bleiben: Was zeigt der Ärger gerade an, was will er beschützen? Vielleicht finden wir unser Bedürfnis nach Selbstfürsorge – wir wollen uns nachher nicht hetzen müssen und daher schon jetzt nach Hause gehen. Vielleicht finden wir unser Bedürfnis nach Integrität – ich möchte nicht, dass du einfach an meine Sachen gehst. Oder wir finden unser Bedürfnis nach Kontrolle – ich will einfach kontrollieren, was das Kind macht, weil ich sonst Angst bekomme. Dann können wir offen schauen – was davon brauchen wir, was vielleicht nicht?

Im Kontakt mit unserem Kind bleiben: Wir können unserem Kind seinen Wunsch in der Fantasie erfüllen: »Du würdest so gerne noch weiterspielen, richtig? Das wäre schön, wenn wir bis heute Nacht hierbleiben könnten!«

Je nach Alter des Kindes sieht das natürlich anders aus. Das Wichtige ist, zu zeigen, dass wir das Kind mit seinem Bedürfnis wahrgenommen haben. Dieser Schritt beinhaltet auch, uns wirklich auf die Situation einzulassen und zu schauen, wie groß das Bedürfnis des Kindes ist und was gegebenenfalls dahintersteht, wenn es sich zum Beispiel der vorher abgemachten Abholzeit widersetzt. Ist es nur hungrig? Ist es überdreht? Oder ist das Spiel gerade so spannend, dass es jetzt absolut nicht unterbrochen werden kann?

Dieser Schritt tut noch mehr, als »nur« dafür zu sorgen, dass sich das Kind gesehen fühlt. (Hier geht es ja am Ende darum, dass unsere Kinder lernen, ihre Grenzen zu wahren – beziehungsweise das nicht verlernen.) Es geht auch darum, dem Kind Worte zu geben. Dem Kind zu helfen, das eigene Bedürfnis auszudrücken. Denn wir wissen aus der Kommunikationsforschung, dass das gar nicht so einfach ist und viele Jahre dauern kann.

Schritt 4

Herausfinden, was wir tatsächlich brauchen: Müssen wir wirklich genau jetzt gehen? Brauche ich grundsätzlich mehr Hilfe beim Abendessen, mehr Ruhe, mehr Schlaf, mehr Meditation? Habe ich Angst, dass mein Kind ein Schulversager wird, wenn es jetzt nicht die Hausaufgaben macht? Ist das realistisch? Herausfinden, was wir nicht brauchen: Wir haben nichts davon, wenn wir unserem Kind das Gefühl geben, dass es ein schlechter Mensch ist, weil es jetzt weiterspielen, noch Eis essen oder keine Hausaufgaben machen will.

Schritt 5

Empathisch kommunizieren, was bei mir los ist: Ja, ich sehe dich und höre, was du willst und brauchst. Ich habe in mich hineingehört und kann dir sagen, was ich brauche: Ich bin gestresst, weil ich jetzt gehen will, sonst habe ich nachher keine Zeit mehr zum Kochen. Oder es sind alle müde und hungrig. Ich habe Angst, dass wir Ärger kriegen, wenn du jetzt die Hausaufgaben nicht machst. Ich möchte nicht zu spät zum Termin kommen, mir ist der wirklich wichtig. Das sollte natürlich nicht in einem Wortschwall kommen, der das Kind erstickt. Wir können uns auch vor das Kind hinknien, mit ihm also auch physisch auf Augenhöhe gehen und erklären, was mit uns los ist. »Du bist hungrig. Ich bin auch hungrig.« Einfache Aussage.

Bis hierher ist der Kommunikationsablauf nicht anders als mit Kleinkindern. Aber mit Kindern im Grundschulalter können wir schon anders sprechen. Wir können ja auf ihre Problemlösungskompetenzen zählen. Daher machen wir jetzt erst mal noch keinen Vorschlag, sondern fragen ganz offen, was das Kind für eine Idee hat.

Schritt 6

Wir sind der empathische Leitwolf: Schau, ich möchte nicht jeden Tag darüber streiten, wann wir nach dem Spielen nach Hause gehen, wir können so viel schönere Sachen machen in der Zeit! Und ich verstehe, dass du dich gerade weder für Abendessen noch Hausaufgaben interessierst. Dennoch kommen wir so nicht weiter. Du hast gehört, was ich brauche: Ein ruhiges Abendessen, gemachte Hausaufgaben, den nächsten Bus. Lass uns gemeinsam einen Weg finden. Hast du eine Idee, wie wir das friedlich lösen könnten?

Und dann hören wir erstaunt, was das Kind für tolle Vorschläge hat. Wir hören uns alles an, sprechen ab, was davon realistisch ist, und entscheiden gemeinsam. Das klingt so, als würde es lange dauern? Nur die ersten Male. Danach geht es ganz fix und wir sagen nur noch: »Schatz, mir ist es wirklich wichtig, jetzt zu gehen. Ich habe Hunger und will jetzt gehen. Ich weiß, du willst noch spielen. Idee?«, und dann sind wir in drei Minuten schon deutlich weiter und haben eine Lösung. Oder wir haben keine Lösung – und halten das zusammen aus.

Warum klappt das? Verhalten steckt an. Wenn ein Mensch sich gut ernährt, sich viel bewegt oder viel für andere da ist, dann steckt das die anderen an, das wissen Forscher längst. Und auch wenn jemand für andere da ist, kommt das zurück. Katrin Blawat schreibt in der *Süddeutschen Zeitung* unter dem Titel »Hilfsbereitschaft ist ansteckend« (SZ vom 24.09.2018) darüber, dass Menschen dieses Verhalten nicht – wie man erwarten könnte – ausnutzen, sondern in mehreren Studien belegt ist, dass sie eher helfen, wenn ihnen geholfen wurde.

auf sich selbst aufpassen

JULIA: Mein Mann musste arbeiten, ich musste arbeiten, mein Sohn war das erste Mal drei Tage allein. Ich wollte ihm wenigstens den Hund dalassen, damit er sich nicht so allein fühlt, aber er fand es besser, einmal auszuprobieren, wie es wohl so ganz allein ist. Ich habe keine Ahnung, wie viele Folgen *The Magic Schoolbus* er in der Zeit geschaut hat, aber als wir nach Hause kamen, war die Wäsche gewaschen, die Spülmaschine war ausgeräumt, der Mülleimer leer, die Kaninchen versorgt und die Küche ordentlich. Und mein Zwölfjähriger sagte: »Ich weiß nicht, woran es liegt, aber wenn ihr nicht da seid, ist es viel einfacher, das Geschirr wegzupacken.« Er konnte prima auf sich selbst aufpassen.

Kinder können erstaunlich gut Verantwortung für sich selbst übernehmen. Und was uns beiden, Nicola und Julia, absolut entgegenkommt: Kindern die Verantwortung nicht wegnehmen ist ideal für faule Eltern.

In vielen Fällen ist es nicht nur einfacher, sondern auch viel wirkungsvoller, als Mutter oder Vater alle viere von sich zu strecken und zu sagen: Nicht mein Problem. Deine Verantwortung.

In der Elternberatung nennen wir das »Keine Beratung ohne Auftrag«. Das gilt auch in der Familie. Wir verstehen, wenn Eltern helfen wollen, wirklich. Aber in aller Regel hilft es Kindern mehr, wenn wir unsere Unterstützung auf die Situationen beschränken, in denen sie explizit gewünscht ist.

Zumindest gilt das allgemein, aber es gibt natürlich Ausnahmen. Denn da, wo Gesundheit und Sicherheit ins Spiel kommen, sind wir als Eltern gefragt. Wir sind fünfundzwanzig Jahre oder dreißig Jahre länger hier auf diesem Planeten unterwegs, und wir haben an manchen Stellen einfach die Aufgabe, unserem Nachwuchs das gute Überleben zu sichern. Daher entscheiden am Ende wir Großen, wenn es um Gesundheit oder Sicherheit geht. Immer. Alles andere können wir gerne mit den Kindern ausdiskutieren. Aber bei Rot geht es nicht über die Straße, im Auto schnallt man sich an, und wir kaufen nicht haufenweise Glukose-Fruktose-Sirup-Kram, egal, wie sehr die Kinder das möchten.

Altersgemäß handeln

Es ist nicht hilfreich, Kinder in dem zu überschätzen, was sie können, und ihnen für Dinge die Verantwortung zu übertragen, für die sie noch zu klein sind.

Eine Sechsjährige oder ein Achtjähriger mögen ihren Eltern schon wirklich groß vorkommen, vor allem, wenn sie die ältesten Kinder einer Familie sind. Aber trotzdem sind sie objektiv gesehen noch ziemlich klein, und sie können vieles noch nicht. Sie können nicht von allein daran denken, dass der Hamster gefüttert werden muss, und sie können vielleicht auch noch nicht übersehen, dass man sich wehtut, wenn man nachts aufs Klo muss und barfuß auf einen herumliegenden Legostein tritt. Jan Hunt schreibt in *Mensch Kind*: »Wir bringen uns selbst in Situationen, die bei uns Enttäuschung hervorrufen und das Kind bei seinem Versuch, uns zufriedenzustellen, zum Scheitern verurteilen. Dennoch bitten viele Eltern ihre Kinder, Dinge zu tun, die selbst einem älteren Kind schwerfallen würden. Kurz gesagt, wir erwarten von den Kindern, dass sie sich nicht ihrem Alter entsprechend verhalten.«[2]

JULIA: Ich weiß noch, wie ich mich wie die letzte, erbärmliche Versagermutter fühlte, als mein Sohn drei war und ich in einem Forum las, wie engagiert andere Eltern ihre gleichaltrigen Kinder zum Aufräumen anhielten – und ich war bisher nicht mal auf die Idee gekommen. Vielleicht verdarb ich ihn mit meiner eigenen Faulheit fürs ganze Leben? Mir fiel ein riesiger Stein vom Herzen, als eine Mutter, die auch noch einen älteren Sohn hatte (falls du das hier je liest – danke, Astrid!), sich einschaltete und die Sache mal in die richtige Perspektive setzte. Ihre Söhne seien einfach noch viel zu klein, um das allein zu schaffen. Das war der Beginn einer wunderbaren Freundschaft zwischen Bergen von Legosteinen und mir.

NICOLA: Ich habe meine beiden Kinder sowohl in der ersten als auch in der zweiten Klasse jeden Morgen angezogen. Jeden. Morgen. Natürlich habe ich bei jedem Kind wenige Wochen nach Schuleintritt versucht, durchzusetzen: »Du bist jetzt ein Schulkind. Du ziehst dich bitte selbst an.« Aber morgens um halb sieben sind meine Kinder mit sechs und sieben Jahren dazu einfach nicht in der Lage gewesen. Sie haben geweint, gezetert, gekämpft. Mein Gefühl war, dass ALLE anderen Mütter erzählten, wie schön sich ihre Kinder jeweils anzogen. Weil die auch entscheiden wollten, was. Meine nicht. Denen war nicht nur egal, was sie anziehen sollten, sie wollten es auch gar nicht anziehen. Nach einigen Wochen Streit fragte ich mich: »Wer lernt hier eigentlich gerade nicht?« Ich war es. Also ließ ich los – und zog sie an. Und siehe da: Mein Zehnjähriger zieht sich natürlich jeden Morgen selbst an. Aber der ruft auch aus der Schule an und verkündet, dass er jetzt doch zu seinem Freund fährt und erst abends wiederkommt.

Es ist natürlich auch nicht hilfreich, Kinder in dem zu unterschätzen, was sie können. Der Psychologe Robert Epstein nutzt in seinem Buch *Teen 2.0* den Begriff »Kompetenzalter«. Auch »große« Kinder sind manchmal noch klein. »Klar fahre ich dich heute ausnahmsweise zur Schule, wenn es dir nicht gut geht«, ist noch kein schwächendes Verwöhnen. Das fängt erst an bei: »Ich traue dir den Schulweg nicht zu, ich fahre dich jeden Tag.« Mit Achtsamkeit und Aufrichtigkeit sich selbst gegenüber finden die meisten Eltern da recht gut die Balance – und nutzen gegebenenfalls die sieben gemeinsamen Minuten im Auto als eine schöne Möglichkeit zum Reden und Verbinden mit dem Kind.

Es geht darum, nicht ausschließlich das biologische Alter des Kindes zu betrachten, sondern ihm seinen Kompetenzen gemäß zu begegnen. Das bedingt natürlich wieder, offene Augen und Ohren zu haben und die Angst beiseitezuschieben, wo immer es geht.

… zum Beispiel Mobbing

Auf sich selbst aufzupassen ist für Kinder nicht immer einfach, und das als Eltern zu ertragen, ist ebenso wenig einfach, vor allem, wenn einem dabei das Herz brechen will. Der zarte Achtjährige wird in der Schule ausgegrenzt? Die Zehnjährige hat plötzlich keine beste Freundin mehr, weil diese beschlossen hat, doch lieber in der anderen Clique mitzumischen? … Wann greifen wir ein? Wann helfen wir? Im Zweifelsfall dann, wenn wir darum gebeten werden.

JULIA: Erste Klasse, Grundschule. »Der M. hat mich am Ranzen gezogen. Immer, wenn ich an dem vorbeigehe, macht der das. Ich habe dem gar nichts getan, Mama. Warum macht der das?« Für meinen Sohn war es extrem schwer verständlich, dass einer seiner

Mitschüler ihn – seiner Wahrnehmung nach – aus dem Nichts heraus attackierte, wieder und wieder.

»Soll ich mit deiner Lehrerin reden, dass sie dem M. sagt, er soll das nicht tun?«

»Ja.«

Mein Sohn sei ja auch verträumt, sagte die Lehrerin. Und überhaupt, M. könne gar nichts dafür, der wachse mit so vielen Erwachsenen auf und hätte keine Geschwister und … Wasser auf die Mühlen meines Einzelkindtraumas! »Hören Sie mal zu«, habe ich gesagt. »Das ist ja wohl kein Grund. Mein Sohn wächst nur mit Erwachsenen auf und zieht trotzdem nicht anderen Kindern den Ranzen vom Rücken. Was ist denn das bitte für eine Argumentation?«

Ich müsse doch aber verstehen, dass M. es nicht so leicht habe und …

»Ich will, dass das aufhört«, habe ich gesagt. Das mag nicht pädagogisch wertvoll gewesen sein, aber es war garantiert authentisch, und Jesper würde zustimmend nicken.

Wir finden es auch wichtig, dass Kinder andere Kinder – und gegebenenfalls auch deren Nöte – verstehen lernen. Man kommt weiter, wenn man das tut, und Mobbingsituationen lassen sich wesentlich besser klären ohne Schuldzuweisung. Aber ebenso wichtig finden wir es, dass sie lernen, dass man trotz allen Verständnisses nicht alles über sich ergehen lassen muss.

Manchmal können Kinder solche Situationen auch allein klären – letztlich oft die bessere Lösung. »Ich habe das allein geschafft«, ist genauso wichtig wie: »Meine Eltern sind immer für mich da«, es sind zwei Seiten derselben Münze. Anja hat uns dazu eine Geschichte erzählt.

Mein neunjähriger Sohn hatte eine Zeit lang ziemliche Probleme mit einem Mitschüler, der ihn immer wieder peinigte und nicht in Ruhe ließ. Jeden Tag weinte er zu Hause, weil dieser Junge ihn vom Spiel ausgeschlossen oder verspottet hatte. Es fiel mir schwer, das mit anzusehen, aber mein Sohn bestand darauf, dass ich mich nicht einzumischen hatte. Weder sollte ich mit der Lehrerin sprechen noch mit den Eltern des anderen Jungen. Bis heute weiß ich nicht, wie die Lösung aussah, aber eines Tages verkündete mein Sohn fröhlich, er würde jetzt zu Leon (dem anderen Jungen) zum Spielen gehen.

Ja, aber ... was, wenn so eine Situation ausartet? Was, wenn Anjas Sohn jetzt über längere Zeit ernsthaft gemobbt worden wäre und dennoch darauf bestünde, dass die Eltern sich raushalten? Viele Kinder haben ja mit Recht Angst, dass es in dem Augenblick schlimmer wird, in dem die Erwachsenen sich einschalten. Aber gleichzeitig gibt es einfach Themen, die zu groß für sie sind.

Da hilft nur: Achtsamkeit, in Kontakt bleiben, Augen offen halten, vertrauen. Anders geht es nicht. So wie bei Kaja, die uns die folgende Geschichte erzählte.

In einem der Kurse meiner zwölfjährigen Tochter gibt es eine größere Gruppe Mädchen, die irgendwann damit begonnen haben, alles, was meine Tochter sagt, zu belachen. Sie sitzt im Unterricht und versucht, unsichtbar zu sein, damit sie das nicht jedes Mal erleben muss. Sie sitzt da ganz allein in einer Bank, und jedes Mal, wenn sie von der Lehrerin aufgerufen wird, wird gekichert und getuschelt.

Die hatten das Thema Mobbing sogar im Unterricht, irgendwann vor dem Sommer. Stand im Lehrplan. Und meine Tochter meinte, da hätten dann alle gesagt: Oh, wie schrecklich, so etwas darf man nicht tun. Aber sie reflektieren das eigene Handeln nicht. Schließlich schlagen sie ja niemanden.

Wir sind sehr froh, dass solche Geschichten inzwischen nicht mehr unter »Ach, Kinder sind grausam, da muss sie durch« laufen, sondern in aller Regel ernst genommen werden. Kajas Tochter hat gemeinsam mit ihrer Mutter einen Plan entwickelt. Zuerst wird sie mit der Lehrerin sprechen. Wenn das nicht weiterführt, werden Mutter und Tochter zusammen mit der Vertrauenslehrerin reden, und als dritten Schritt wird Kaja mit der Rektorin sprechen.

Das Wichtige hierbei ist: Kajas Tochter weiß, dass sie mit dem Problem nicht allein ist. Sie weiß, dass sie gesehen wird mit ihrer Not. Sie weiß, dass ihre Eltern zu ihr stehen.

Und was ist, wenn mein Kind selbst der Mobber ist? Auch hier ist das Wichtigste, in Kontakt zu bleiben, und zwar klarzumachen, dass das ein No-Go ist, aber das Kind dennoch nicht als »gemein« zu verdammen. Martin hat uns dazu folgende Geschichte erzählt:

Ich bin selbst Lehrer an einer weiterführenden Schule. In der fünften und sechsten Klasse müssen sich die Kinder erst einmal neu sortieren und sich im Gruppengefüge finden. Manchmal tun dann auch an und für sich nette Kinder Dinge, die gar nicht so nett sind. Das alles hatte ich im Hinterkopf, als mein Sohn mit elf Jahren auf die glorreiche Idee kam, einem Mitschüler Reißzwecken auf den Stuhl zu legen. Es war keine einfache

Konstellation. Auf der einen Seite dieser Junge, der nichts getan hatte, als ein wenig eigenwillig zu sein, und auf der anderen Seite mein Sohn und sein Kumpel, die auf einmal auf diese seltsame, verletzende Idee kamen. In der Schule meines Sohnes wird der sogenannte No Blame Approach *praktiziert, bei dem es darum geht, Mobbing ohne Schuldzuweisung aufzulösen.*

Natürlich könnt ihr nicht immer beeinflussen, ob in der Schule ein Mobbingpräventionsprogramm genutzt wird oder nicht. Da wir auch mit Lehrern und Erziehern achtsam kommunizieren, klären wir auch hier wieder die Fragen: Wie sehen Sie das? Was können wir zu Hause tun, um das Problem anzugehen? Was kann die Schule tun, damit das Problem gelöst wird? Was sind die nächsten Schritte? Und wann sprechen wir wieder darüber?

Zu Hause tun wir ohnehin das Wichtigste: unseren Kindern zeigen, dass sie mit ihrem Problem nicht allein sind. Ich stehe auf deiner Seite, ich sehe dich, ich glaube dir. Du übertreibst nicht. Wenn es sich falsch anfühlt, dann ist es auch falsch. Lass uns darauf schauen. Wo ich kann, schütze ich dich vor einer Situation, die zu groß ist für dich.

Es ist wichtig, dass Eltern das tun und eben nicht sagen: »Ach komm, das wird schon wieder. Ist doch nicht so schlimm.« Für das Kind *ist* es in dem Moment schlimm, auch wenn es sich von außen aus der Erwachsenenperspektive wie eine Lappalie ausnimmt.

Immer wieder hören wir von Erwachsenen, wenn sie aus ihrer Schulzeit erzählen, wie furchtbar es für sie war, in solchen Situationen zu hören: »Da muss man eben durch.«

Wir sagen: Nein, muss man nicht.

verantwortung für die gemeinschaft

> Du bist ewig für das verantwortlich, was du dir vertraut gemacht hast. Du bist für deine Rose verantwortlich.
>
> Antoine de Saint-Exupéry, Der kleine Prinz

»Bleib sitzen, du hast heute Geburtstag. Ich räume das Frühstück weg.« – »Aber Mama, ich habe das Geschirr doch auch benutzt!«

Das ist ein Teil dessen, was wir mit »Verantwortung lernen« meinen: dass unsere Kinder sich verantwortlich fühlen für das, was um sie herum vorgeht, dass sie bewusst Anteil nehmen. Im Idealfall wünschen wir uns das natürlich nicht nur für den Haushalt, die Haustiere und die Hausaufgaben, sondern auch noch für die Gemeinschaft, den Planeten, die eigene Gesundheit und am besten auch noch die eigene Leistung.

Das Gute ist: Das ist gar nicht so schwierig. Man muss sie nur lassen – und Vertrauen haben. Brooks und Goldstein schreiben: »Kleine Kinder möchten ausgesprochen gerne helfen, sie haben große Freude an der Helferrolle und danken es uns mit einem strahlenden Lächeln, wenn ihre Mithilfe gelobt und gewürdigt wird. Es scheint, als brächten sie das Bedürfnis zu helfen schon mit auf die Welt.«[3]

Die meisten Eltern wissen mehr als eine Geschichte davon zu erzählen, wie begeistert ihre Kinder im Alter von zwei oder drei Jahren den Tisch decken oder den Fußboden fegen. Kleine Menschen finden es von Natur aus großartig, sich einzubringen. Doch dann passiert oft etwas Irritierendes. »Von vielen Eltern hören wir, dass ihren Kindern dieser schöne Impuls in den mittleren Jahren der Kindheit abhandenkommt. Jetzt stellen die Kinder sich, wenn es ums Helfen geht, häufig lieber quer, es sei denn, es ›springt etwas dabei heraus‹.«[4]

Wie kommt das? Was ist passiert? Wie können wir das verhindern? Wir haben zu diesem Thema wieder zwei Beispielfamilien für euch.

Familie eins findet sich abends im Wohnzimmer zusammen. »Wann gibt's Essen?«, sagt der Vater, während er auf dem Sofa sitzt und in sein Laptop guckt. Die Mutter gießt die Kartoffeln ab. »Gleich. Könnte schon mal jemand den Tisch decken?«

»Ja, ich!«, kräht der Zweijährige, und die Mutter zuckt zusammen, weil sie eigentlich den Mann meinte. »Lass mal, du kannst das noch nicht.« Sie nimmt dem Kind erschrocken den Glaskrug aus der Hand, den es sich aus dem Regal angeln will. »Los, geh spielen und steh mir nicht im Weg rum.«

Zwölf Jahre später. Familie eins findet sich abends im Wohnzimmer zusammen.

»Wann gibt's Essen?«, sagt der Vater, während er auf dem Sofa sitzt und in sein Smartphone guckt. Die Mutter gießt die Kartoffeln ab. »Gleich. Könnte schon mal jemand den Tisch decken?«

»Oh, nee, gibt es schon wieder Kartoffeln?«, nölt die zwölfjährige Tochter, und der Neunjährige echot: »Ich mag keine Kartoffeln.« Der Vierzehnjährige ist vorsichtshalber erst gar nicht zu sehen.

»Immer muss ich alles allein machen«, jammert die Mutter. »Ihr könntet auch mal mit anfassen.«

Familie zwei findet sich ebenfalls abends zusammen. »Oh, riecht schon super nach Essen«, sagt der Vater, als er zur Tür reinkommt. »Ich ziehe eben die Jacke aus, dann decke ich den Tisch.«

»Ich will das machen!«, kräht der Zweijährige, und die Mutter zuckt zusammen, weil sie Angst um den Glaskrug und die Kinderhände hat. »Warte kurz.« Sie trocknet sich schnell die Hände ab. »Vorsicht, der Krug ist schwer. Mir ist lieber, wenn ich dabei bin, während du ihn trägst.«

Zwölf Jahre später. Familie zwei findet sich wieder abends zusammen. »Hat noch jemand Wäsche?«, fragt der Vierzehnjährige. »Ich will meine Sportsachen waschen, da ist noch Platz in der Maschine.«

»Ja, guck im Wäschekorb«, antwortet die Mutter, während sie die Kartoffeln abgießt. Der Vater drückt der Zwölfjährigen die Teller in die Hand und sagt zum Neunjährigen, der sich in sein Zimmer verdrücken will: »Stopp. Wir sind fünf Leute, die hier leben, und wir können alle zusammen dafür sorgen, dass das funktioniert.« – »Ich hab mich den ganzen Tag darauf gefreut, mein Lego aufzubauen«, sagt der Neunjährige. »Ich räume dafür allein ab, okay?«

Überzeichnet, sagt ihr? Vielleicht, aber wenn, dann nur ein bisschen. Wir haben Familie eins und zwei wirklich erlebt.

Wo sind die Unterschiede?

In Familie eins gibt es eine Person, die sich verantwortlich fühlt, »den Laden am Laufen zu halten«, die Mutter. Die anderen sind mehr oder minder widerwillige Teilnehmer. In Familie zwei fühlen sich alle verantwortlich, keiner lässt sich bloß bedienen, keiner versucht, die anderen zu etwas zu zwingen oder zu überreden.

In Familie eins haben die Kinder recht früh gelernt, dass ihre Mithilfe nicht erwünscht ist – also warum sich anstrengen? In Familie zwei haben die Eltern die schwierige Phase durchgestanden, in der die »Hilfe« mehr Aufwand als alles andere war. Die Haushaltsdinge werden nicht als unangenehme Pflicht wahrgenommen, sondern als etwas, das für alle dazugehört und man entsprechend auch mit Spaß erledigen kann.

Okay, und was nützt uns das abendliche Tischdecken jetzt für das Wohl der Welt und unsere Kinder, die in sie hinausziehen? Ganz einfach. Es geht um eine Lebenseinstellung, um ein »Ich bin verantwortlich und ich bekomme das hin«. Das wird im Kleinen gelernt und dann im Großen dort weitergetragen, wo es für das Kind später wichtig ist: sei es bei der Aufforstaktion, bei der Kinderfeuerwehr, beim Spielen mit dem Nachbarshund oder wo auch immer. Kinder finden ihre Wirkungsmöglichkeiten.

Kinder, die früh lernen, sich verantwortlich zu fühlen, suchen sich auch später in Gruppen die Aufgaben, bei denen sie am wirkungsvollsten der Gruppe dienen können.

So geht's: Brooks und Goldstein nennen vier Prinzipien, die es Kindern erleichtern, zu verantwortungsbewussten, sich für die Gesellschaft interessierenden Erwachsenen heranzuwachsen.

Vorbild im Kleinen sein

Wer selbst die dreckigen Socken auf dem Flur rumliegen lässt, braucht nicht zu nörgeln, dass das Kind sein Zimmer nicht aufräumt, oder? Wer selbst unzuverlässig ist und Abmachungen nicht einhält, braucht sich nicht zu wundern, wenn die Kinder das ebenso tun.

Wenn es in der Familie irgendwo hakt, lohnt es sich immer, zuerst einmal zu schauen, ob die Kinder nicht einfach nur eins zu eins kopieren, was schöne Familientradition ist. Brooks und Goldstein schlagen vor, auch mit den Kindern darüber zu sprechen: »Ich erlebe dich an der und der Stelle als unzuverlässig. Wie erlebst du mich?«

Helfen ist etwas anderes, als Pflichten zu haben

Der Unterschied zwischen »Es ist deine Pflicht, den Tisch zu decken, weil das nun mal so ist« und »Du hilfst mir sehr, wenn du den Tisch deckst« besteht nicht nur in unterschiedlichen Worten – dazwischen liegt eine ganze Lebenseinstellung. Kinder helfen gern. Erwachsene helfen gern. Aber auf Pflicht und Zwang hat keiner Lust, während die Bitte um Hilfe automatisch beinhaltet, dass das Kind ein schätzenswerter Mensch ist, der etwas leisten kann und für andere wichtig ist.

Vorbild im Großen sein

Die Erfahrung zeigt, dass Eltern, die ein Interesse am Gemeinwohl haben, auch Kinder heranwachsen lassen, bei denen das so ist. Wobei wir Gemeinwohl hier sehr breit gefächert verstehen (auch wenn uns in Anbetracht der Weltlage am liebsten wäre, wenn alle Familien einen Tag in der Woche Bäume pflanzen gehen würden). Wir meinen jegliche Art von gesellschaftlichem Engagement: Andis Mutter zum Beispiel, die ehrenamtlich im Weltladen hilft und Andi ein Vorbild ist, sich in der Kinderbetreuung der Kirche zu engagieren. Oder Freds Vater, der seit Jahren im Sportverein aktiv ist und Fred inspiriert, sobald wie möglich den Trainerschein zu machen. Oder Amelies Tante, die beim DLRG ist, und dank der Amelie schwimmt wie ein Fisch im Wasser und es nicht erwarten kann, sämtliche Rettungsschwimmscheine dieser Welt zu machen. Oder Lisa, deren Mutter zweimal im Jahr Freiwillige für eine Reinigungsaktion im Stadtteil organisiert und die jedes Mal, wenn sie den Nachbarshund ausführt, auch gleich noch ein bisschen Müll einsammelt. Und natürlich tut es nicht weh, wenn man sich beim

Einkaufen und Verreisen über klimafreundliche Entscheidungen gemeinsam Gedanken macht.

Blöde Sachen gerecht verteilen

Dieser Punkt kehrt zurück in den Mikrokosmos Familie – wiederum als Übungsfeld für das große, wilde Leben. Es gibt in den meisten Familien unbeliebte Aufgaben, sei es, den Müll rauszubringen, den Kaninchenstall auszumisten, die Fahrräder abends wegzuschließen oder was auch immer. Brooks und Goldstein schlagen vor, dass diese Aufgaben in einer Familienkonferenz verteilt werden, sodass sie für alle passen.

mit konflikten umgehen

> Erziehung ist die ganz normale Katastrophe. Immer treten Konflikte auf, Kinder können ohne Konflikte gar nicht groß werden.
>
> Remo Largo[5]

Wie alles in der Welt lernen kleine Menschen auch Konfliktlösung, indem sie erleben, wie sie funktioniert. Kinder, die sehen, wie die Erwachsenen um sie herum Konflikte vernünftig lösen, und erleben, wie Erwachsene respektvoll mit ihnen umgehen, auch wenn sie sich »danebenbenehmen«, bekommen damit Werkzeuge an die Hand, ihrerseits Konflikte zu lösen. Und zwar jenseits eines nur angelernten Verhaltenskodex.

JULIA: Es war immer dasselbe, über Jahre. Die Szene: Sohn, Teilzeittochter und Freund sitzen im Wohnzimmer auf dem Boden und beraten sich darüber, was sie spielen können.

»Wir könnten Lego spielen.«

»Nein, das will ich nicht.«

»Dann schlag was vor.«

»Wir könnten … mir fällt nichts ein.«

»Was haltet ihr von Verstecken?«

Das ging hin und her, teilweise stundenlang, bis ein Konsens gefunden war. Wohlgemerkt: keine Abstimmung, sondern sie haben so lange überlegt, bis alle mit der Lösung glücklich waren. Ich fand das immer wieder unglaublich bemerkenswert, denn natürlich ist Konsensfindung anstrengender, als einfach Macht auszuüben oder zwei gegen einen abzustimmen.

Ein Konflikt ist für sich genommen nichts Schlechtes, es sind einfach zwei Interessen, die nicht zusammenpassen.

- »Ich will, dass wir mit Autos spielen« – »Ich will aber lieber mit Lego spielen.« Konflikt.
- »Ich will jetzt mit genau dieser und keiner anderen Puppe spielen.« – »Ich will jetzt *auch* mit genau dieser Puppe spielen.« Konflikt.
- Und eben auch: »Ich will jetzt hier noch rumtrödeln.« – »Ich habe aber in zwanzig Minuten eine Besprechung.« Konflikt.

Was Konflikte schwierig macht, ist die Bedeutung, die wir ihnen beimessen. In der Regel lösen sie Ängste aus, Verlustängste, Verlassensängste. Wenn wir den Konflikten diesen Schrecken nehmen, ist schon viel gewonnen. Kein kleines Kind will seine Eltern persönlich beleidigen, wenn es »nicht gehorcht«, und selbst dann nicht, wenn es sich auf den Boden wirft, kratzt, beißt und brüllt: »Ich hasse dich, Kackmama!«

Es ist dann einfach nur außer sich und hilflos und kann das nicht anders kommunizieren. In der Theorie ist das einfach zu verstehen, in der Praxis haben wir jedoch erlebt, dass es für viele Eltern eine große Herausforderung ist. So erzählte uns Marina:

»Das ist wie auf Autopilot. Noch bevor ich mir bewusst sagen kann, dass mein Kind das gerade nicht böse meint, sondern nur erschöpft ist, werde ich so wütend, dass ich nur noch schreien kann. Ich fühle mich angegriffen und infrage gestellt und dadurch unglaublich hilflos. Seit ich mir dessen bewusst bin, ist es besser geworden. Wenn ich merke, dass ›das große Schreien‹ losgehen will, halte ich kurz inne und atme tief durch.«

Die meisten Eltern kennen das in irgendeiner Form. Aber nur, wenn wir selbst Konflikte aushalten und lernen, sie friedlich zu lösen, können die Kinder in unserem Leben das auch lernen.

→ **So geht's:** Wenn alle Beteiligten sich beruhigt haben, ist der nächste Schritt, die Bindung zueinander wieder zu stärken oder zu halten. Danach kann man die Bedürfnisse sämtlicher Beteiligter betrachten und versuchen, eine Lösung zu finden, mit der alle leben können.

Schritt 1: Nicht persönlich angegriffen sein, atmen/runterkommen
Schritt 2: Verbindung herstellen/halten
Schritt 3: Wissen, dass das dazugehört und ein Leben ohne Konflikte kein Ziel sein kann

Und immer gilt: Ich mag nicht, was du gerade tust, das wird aber nichts an meiner Liebe zu dir ändern.

freundschaften

Freundschaft muss man lernen. Es klappt nicht einfach so. Wer davon ausgeht, dass Freunde »das schon regeln«, wenn es Streit gibt, der täuscht sich. Kinder lernen von Freunden zwar, wie man miteinander spielt und zueinanderhält, aber sie lernen eben auch, wie man andere ausschließt (Leonie darf nicht mitspielen!), zurückweist (Nein, jetzt bist du nicht mehr meine Freundin!) und pauschalisiert (Die Jungs in der Klasse sind einfach doof!). Aber regeln Kinder das nicht unter sich? Was ist mit den angeblich immer glücklichen Kindern bei anderen Völkern, die selig den ganzen Tag in der Natur spielen, ohne dass ein Erwachsener eingreifen müsste? Können unsere Kinder das nicht auch? Die Antwort lautet: meistens nicht.

Aber es liegt nicht an den Kindern. Es liegt daran, dass in unserer Welt vor allem Gleichaltrige miteinander spielen – in der Schule, am Nachmittag. Wir haben nur noch selten wirklich gemischtaltrige Kindergruppen, in denen Zehnjährige sich hingebungsvoll um die Vierjährigen kümmern und Dreizehnjährige die Konflikte der Sechsjährigen lösen. Unseren Kindergruppen fehlen in der Regel nämlich die großen Kinder. Wenn wir lauter Sechs- bis Zehnjährige haben, dann können sie sich in der Regel super um einen Zweijährigen kümmern. Aber wenn sie unter sich Streit haben, bräuchten sie ein älteres Kind, das bereits Konflikte lösen kann, um es von ihm zu lernen. Sie lernen es nicht von allein. Sie haben es sich schon immer von Größeren abgeguckt. Wir sehen das immer dann, wenn diese größeren Kinder da sind – auf sie hören die kleineren Kinder viel besser als auf uns Eltern und Erwachsene. Hinzu kommt, dass die Gruppen im Kindergarten oder in der Schule in den allermeisten Fällen nicht organisch gewachsen sind, wie sie es in einem Jäger-und-Sammler-Clan wären. Dort würden die Kleinen die Großen einfach dadurch kennenlernen, dass sie zusammenleben, und irgendwann würden sie nach und nach in die Kindergruppe hineinwachsen.

NICOLA: Bei uns war das im Kindergarten total klar: Wenn mein Neunjähriger im Kindergarten den Jungs sagte, sie sollen seine kleine Schwester nicht ärgern, dann machten die große Augen und taten es nie wieder. Wenn ich es sagte, drehte ich mich um, und es ging sofort weiter. Also habe ich irgendwann alle sozialen Konflikte zwischen den »Kleinen« an ihn delegiert.

Wenn man Freundschaft also lernen muss und uns die Großen fehlen, müssen wir Eltern einspringen. Wir müssen unseren Kindern einerseits zeigen, wie man Konflikte löst und Freundschaften hält. Aber wir müssen auch sehr gut achtgeben, wo wir sie begleiten und wo wir sie loslassen müssen. Denn nicht immer ist unsere Hilfe erwünscht. Und das ist auch okay.

Kinderstreit, Kinderzeit

»Lib Zeina, bita sei nich mer böse, ich fermise dich ser«, schrieb meine Tochter in der ersten Klasse mit großen Wachsmalstiften auf Papier an ihre beste Freundin nach einem Streit. Freunde werden in der Grundschulzeit immer wichtiger für unsere Kinder. In diesem Alter fangen Kinder auch an, sich in der sozialen Gruppe zu vergleichen und einzusortieren. Plötzlich ist nicht mehr nur wichtig, wer nett zu mir ist, sondern Kinder gewichten, vergleichen und bewerten.

Wer kommt aus der Nachbarschaft schon in die Schule, wer wird zurückgestellt? Wer spielt mit wem auf dem Schulhof und nachmittags auf der Straße? Und wer hält zu mir, auch wenn die anderen mich doof finden? Erste Jungs-gegen-Mädchen- und Mädchen-gegen-Jungs-Kämpfe im Schulbus finden statt und es bilden sich Banden und Fronten. Gleichzeitig ist dies die Zeit, in der ein Streit unter Freunden zwei Eigenschaften hat:

1. Er fühlt sich wie ein Weltuntergang an.
2. Er ist meistens so schnell vorbei, wie er gekommen ist.

Und da liegt schon die erste Aufgabe von uns Eltern hinsichtlich der Freundschaften unserer Kinder. Wenn Sarah heute richtig sauer auf Anna ist, dann kann das für Anna ein riesiges Drama sein. In ihrer Welt ist Sarah jetzt für immer sauer und spielt nie wieder mit ihr. Natürlich muss Anna lernen, dass es nicht so ist, aber das lernt sie nicht, indem wir es ihr sagen: »Ach, denk nicht drüber nach, morgen ist es vorbei« – mit diesen Worten lassen wir sie allein mit ihrem Schmerz. Wir tun besser daran, unser Kind aufzufangen: »Was ist denn passiert? Auweia. Willst du Hilfe? Nein. Hm, ja, das verstehe ich, dass du traurig bist.« Und dann nehmen wir unser Kind in den Arm und lassen es die ganze schreckliche Geschichte von dem Streit erzählen, als sie sich nicht einigen konnten, wer mit dem großen Fahrrad zuerst fahren durfte.

Anschließend ist es aber genauso wichtig, dass wir die Sache in Perspektive setzen: »Erinnerst du dich? Vorgestern war Hannah so sauer auf Sarah und das hatte sich am nächsten Morgen wieder erledigt. Vielleicht geht das genauso schnell vorbei. Warten wir es mal ab.« Und wir können natürlich anbieten zu helfen: »Hast du eine Idee, was wir tun könnten, um den Streit beizulegen? Möchtest du Hilfe?« Oft möchten die Kinder keine Hilfe und wir müssen es dabei belassen, unser Kind zu trösten und ihm Geborgenheit zu geben. Wenn es dann am nächsten Morgen aus der Schule kommt und freudestrahlend verkündet: »Sarah hat heute wieder mit mir gespielt, wir haben uns wieder vertragen!«, dann sagt vielleicht manchmal eine innere Stimme in uns: »Siehste! Was machst du auch immer so einen Aufstand!«, aber wir sagen das nicht laut, denn es hilft dem Kind nicht. Wir freuen uns über den Friedensschluss und denken wieder daran, dass es unsere Aufgabe ist, diesem kleinen Erdenbürger zu helfen, der ja gerade erst angekommen ist und erst lernt, wie das so läuft auf diesem Planeten mit den Menschen. Also sagen wir etwas, das die Perspektive noch mal klarmacht: »Schau, gestern dachten wir, es könnte ewig dauern – wie schön, dass es heute schon vorbei war! So war es ja bei Hannah auch – ich glaube, Streit ist doch recht oft schnell vorbei.«

Und beim nächsten Streit erinnern wir sanft wieder daran. Und wann immer wir denken, die Kinder würden aus einer Mücke einen Elefanten machen, erinnern wir uns daran, wie schwer es uns getroffen hat, als unsere eigene Freundin letztens diese schnippische Bemerkung ... genau.

Wenn Kinder dazugehören wollen

Ein Teil der Gruppe sein zu wollen ist vollkommen normal. Kinder bilden durch ihre Zugehörigkeit zu Gruppen eine Identität, auch eine Geschlechtsidentität aus und probieren aus, wer sie sind und sein können. Wir können den Kindern diese Suche nicht ersparen und müssen hier tatsächlich loslassen. Aber wir können sie begleiten und unterstützen. Wenn der Junge plötzlich keine langen Haare mehr will, weil das nur »voll Stress gibt in der Schule«, dann gehen wir lächelnd mit ihm zum Friseur und probieren mal aus, wie das wirkt. Wenn er gerade lange Haare haben will, »weil mir das pupsegal ist«, dann drängen wir ihn nicht zur Konformität. Wichtig ist am Ende für die Kinder vor allem eines: dass sie das Gefühl haben, von uns geliebt zu werden, egal, ob mit langen oder kurzen Haaren, ob mit zwanzig Freunden oder nur mit einem.

Wie viele Freunde sind normal?

Es kann schwer zu ertragen sein, wenn es unserem Kind schwerfällt, Freundschaften zu schließen. Manche Kinder haben nur wenige enge Freunde, und das war's. Genauso schwer kann es uns fallen, das Gegenteil auszuhalten: Wenn ein Kind alle Gleichaltrigen, die des Weges kommen, sofort zu »besten Freunden« kürt und wir uns fragen, wie viel Ernsthaftigkeit dahintersteckt. Wir sollten uns als Eltern vor beidem hüten:

a) das Kind zu pathologisieren, weil es »keine Freunde findet«, und panisch Verabredungen in der Klasse, Muffin-Schlachten und Kino-Nachmittage zu forcieren,
b) dem Kind ständig Vorträge zu halten über Individualität und echte Freundschaft, wenn es sich einfach mit jedem gut versteht und in der Gruppe mitschwimmt.

Manche Eltern geraten in Panik, wenn ihr Kind nicht konform mit der Gruppe geht. Andere zelebrieren stolz das Anderssein, üben entsprechenden Druck aus (»Du kannst dir doch nicht die Haare schneiden, nur weil das alle tun? Lass das!«) und isolieren damit ihr Kind.

Es nützt alles nichts. Ob wir wollen oder nicht: Wir müssen loslassen.

Wir müssen den Kindern ihren Weg selbst überlassen.

Ab dem Schulalter wissen wir oft nicht mehr, was in den sozialen Kontexten der Kinder wirklich passiert. Wir sind nicht dabei, wir kennen die Codes meist nicht. Die Kinder schon – sie sind die Experten.

Freundschaften pflegen

Auch das Pflegen von Freundschaften will übrigens gelernt sein. Es gibt Kinder, die schon mit acht Jahren hingebungsvoll Postkarten aus jedem Urlaub an ihre Freunde schicken. Es gibt andere, die nicht mal von sich aus ihren Kuchen teilen, wenn die Freunde direkt danebensitzen. Diese Kinder müssen soziale Interaktion unter Freunden lernen wie eine neue Sprache: Wir teilen unser Essen und unser Spielzeug, wir laden einander ein und kommen auch wie zugesagt, wir sagen nicht aus einer Laune heraus ab, wir hören zu, wenn unsere Freunde etwas erzählen, fragen nach und so weiter.

Wenn Kinder immer wieder Schwierigkeiten mit Freundschaften haben, dann können wir ausprobieren, woran das liegt. Vielleicht kommt mein Kind besser mit älteren Kindern klar (das ist häufig bei sehr pfiffigen oder dominanten Kindern der Fall) oder mit jüngeren (das fällt oft unsicheren und schüchternen Kindern leichter). Manche Kinder müssen vielleicht lernen, weniger bestimmend zu sein und zum Beispiel erst mal zu fragen, was der Besuch als Erstes spielen will. Aufbrausende Kinder müssen lernen, sich selbst besser zu regulieren und erst mal durchzuatmen, bevor sie einen Streit um das richtige *Star-Wars*-Zitat anzetteln. Stille Kinder können lernen, mehr aus sich herauszukommen und auch mal zu fragen, ob sie mitspielen dürfen. All das sind Dinge, die man lernen kann. Es fühlt sich für uns Erwachsene manchmal dramatisch an, wenn die Kinder Schwierigkeiten mit ihren Freunden haben, aber das ist es nicht. Es ist ein Lernprozess.

Natürlich lernen die Kinder von unserem Vorbild: Wenn wir ihnen zuhören, unser Essen mit ihnen teilen und Konflikte friedlich lösen, dann ahmen sie das vielleicht nach. Aber vielleicht auch nicht. Und es ist kein Zeichen schlechter Vorbilder, wenn Kinder sich mit Freunden auch mal schwertun, dann doch allein mit den Barbies spielen wollen und sich zuerst das Essen auf den Teller schaufeln. Solche Dinge muss man üben. Aber dazu ist die Kindheit ja da.

Falsche Freunde?

Gibt es überhaupt falsche Freunde? Nein, wenn es wirkliche Freunde sind, dann nicht. Wenn Kinder von Freunden Verhaltensweisen nach Hause mitbringen, die wir schwierig finden, dann sollten wir das mit den Kindern besprechen. Wir können versuchen herauszufinden, warum sich das andere Kind so verhält, und wenn wir eine Idee haben, können wir es unserem Kind erklären und deutlich machen, warum wir es in unserer Familie anders machen. Mobbing hingegen ist niemals Freundschaft. Wenn Kinder systematisch ausgegrenzt, ausgenutzt oder sogar bedroht werden, dann ist ganz klar die Grenze überschritten.

NICOLA: Bei uns im Dorf gibt es ein Kind, das gerne zum Spielen kommt, wenn sonst niemand verfügbar ist. Wenn dann aber jemand anderes vorbeikommt, verzieht er sich total schnell (besonders wenn das andere Kind Süßigkeiten oder einen Nintendo dabeihat). Mein Sohn war davon jedes Mal völlig schockiert und versuchte, nun ebenfalls Smartphone oder Süßigkeiten an den Start zu bringen. Irgendwann kamen wir überein, dass es keinen Sinn hat, Freunde zu »kaufen« – und dass man entweder miteinander spielen will und beieinanderbleibt oder es dann ganz lässt.

So geht's! Sieben Punkte, wie Eltern die Freundschaften ihrer Kinder unterstützen können:

- Offene Türen haben: Laden wir die Freunde unserer Kinder ein in unser Haus – die Kinder fühlen sich willkommen, wir behalten den Überblick und können da sein, wenn jemand gebraucht wird.
- Loslassen können: Lassen wir den Kindern ihre Welt – sie müssen selbst entscheiden und ausprobieren dürfen, ob sie »in« sein wollen oder »voll ich«, beides ist in Ordnung und Teil des sozialen Lernprozesses.
- Prozessorientierung: Achten wir auf die sozialen Voraussetzungen der Freundschaft wie Empathie, Bedürfnisaufschub, Theory of Mind und wie Kinder sie lernen können und nicht zuletzt: Betrachten wir auch »Freundschaft lernen« als einen Prozess.
- Panik vermeiden: Wenn das Kind sagt, es habe »keine Freunde«, dann triggert es oft unsere eigenen Ängste. Es ist wichtig, dass wir uns davon befreien und uns ruhig mit dem Kind hinsetzen und durchgehen, ob »kein« wirklich stimmt oder nur heute ein Gefühl ist.
- Akzeptieren, dass jedes Kind anders ist und es auch Eigenbrötler gibt, die einfach gerne Zeit allein verbringen und weniger Sozialkontakte brauchen oder lieber mit Erwachsenen unterwegs sind.

- Freundschaft vorleben: Lassen wir die Kinder dabei sein, wenn wir unseren Freunden kleine Geschenke machen, sie zum Essen einladen, ihnen zuerst den Nachtisch hinstellen – und organisieren wir die Kinder nicht immer mit dem Babysitter weg.
- Konflikte unter den Kindern immer ernst nehmen, aber achtsam fragen: Willst du Hilfe oder nicht? Soll ich etwas tun? Akzeptieren wir, dass Kinder im Alter von sechs bis acht Jahren anfangen, Jungen und Mädchen zu separieren. Das ist Teil der Entwicklung einer Geschlechtsidentität. Wir ermutigen die Kinder gleichzeitig immer wieder, auch über den Tellerrand zu schauen und festzustellen, dass man auch mit Johann oder Johanna prima spielen kann.

Wenn ein Kind in einer Kindergruppe anfängt zu leiden, weil es ausgeschlossen oder gemobbt wird, dann ist es unser Job als Erwachsene, einzugreifen. Die Kinder können das nicht allein regeln.

medienkonsum

»Bildschirme sind die grauen Herren der Kindheit«, zitierte die *Süddeutsche Zeitung* im März 2018 Paula Bleckmann, Professorin für Medienpädagogik. Die Medien würden den Kindern vor allem Zeit stehlen, und »am Ende haben sie zu wenig Zeit, um Freunde zu treffen, um in Ruhe zu essen, um draußen rumzurennen und genug zu schlafen – alles Dinge, die das Lernen fördern und die Gehirnentwicklung«.[6] Ihre Lösung: klare Regeln, weniger Bildschirmzeit, keine Handys in der Schule. Viele Eltern, die wir befragt haben und deren Grundschulkinder ständig nach dem Tablet fragen, schütteln da nur den Kopf – weltfremd. Aber wie lernen Kinder gesunden Medienkonsum? Und was *ist* gesunder Medienkonsum?

Was machen sie denn da »mit Medien«

Schauen wir uns erst mal den Stand der Dinge an: Wie viele Familien haben Zugang zu digitalen Medien? Nach der BR-Online-Studie »Grunddaten Kinder und Medien 2018«[7] besitzen nahezu alle Familien mit Kindern zwischen drei und dreizehn Jahren einen Fernseher, Rechner, Laptop oder Smartphones. Tablets sind erst in etwas mehr als der Hälfte der Familien vorhanden. Bei den Kindern von sechs bis acht Jahren hat fast jedes zweite (38 bis 49 Prozent) ein Smartphone zur Verfügung, praktisch alle einen Fernseher in der Familie und mehr als 60 Prozent eine Spielekonsole.

Kinder von sechs bis sieben Jahren dürfen vor allem allein fernsehen, das alleinige Spielen mit Spielekonsolen wird von Eltern meist offenbar erst für die Acht- bis Elfjährigen erlaubt. Allein auf dem Handy spielen – der Anteil der Kinder, die das tun, steigt im Laufe der Grundschulzeit rapide an: Nur 10 Prozent der Sechs- bis Siebenjährigen, aber schon 30 Prozent der Acht- bis Neunjährigen und 53 Prozent der Zehn- bis Elfjährigen spielen allein Handyspiele.[8]

Mit dem Internet sind Eltern deutlich vorsichtiger. Nur 15,3 Prozent der Kinder von sechs bis neun Jahren dürfen ohne Aufsicht surfen, und nicht mal jedes zehnte Kind installiert allein Apps auf dem Smartphone oder Tablet. Den Kindern ist stattdessen deutlich häufiger freigestellt, was sie lesen oder schauen: Über 70 Prozent der Sechs- bis Dreizehnjährigen entscheiden selbst, welche Bücher oder Zeitschriften sie lesen, und über die Hälfte, welche Fernsehsendungen sie schauen.[9]

Wie Medien die Entwicklung beeinflussen

Was macht das mit unseren Kindern? Das Institut für Medizinökonomie und Medizinische Versorgungsforschung der RFH Köln (iMöV) und der Berufsverband der Kinder- und Jugendärzte (BVKJ) befragten im Rahmen einer Studie rund 5 500 Eltern und deren Kinder zum Umgang mit digitalen Medien und dokumentierten gleichzeitig im Rahmen der üblichen Früherkennungsuntersuchungen die körperliche, entwicklungsneurologische und psychosoziale Verfassung der Kinder. Das Ergebnis: »Eine übermäßige Nutzung elektronischer Medien kann unter anderem zu Konzentrationsstörungen und Hyperaktivität bei Kindern und Jugendlichen führen.« Außerdem essen die Kinder zu viele Süßigkeiten, bekommen – besonders Jungs – Sprachentwicklungsstörungen und können besonders im Jugendalter ihre Internet-Nutzung selbst nicht kontrollieren. Die Pressemitteilung zur Studie wurde von der Deutschen Akademie der Kinder- und Jugendmedizin (DAKJ) gemeinsam mit der Drogenbeauftragten der Bundesregierung, Marlene Mortler, veröffentlicht. Sie ruft im Wochenmagazin *Der Spiegel* aus: »Wir müssen die gesundheitlichen Risiken der Digitalisierung ernst nehmen!« Alles böse?

Nun, die Studie ist umstritten. Aus medienpädagogischer Perspektive wurde sie in sozialen Netzwerken und in Blogbeiträgen stark kritisiert. Sie berücksichtige nicht die Nutzungsinhalte, zum Beispiel, ob sich die Kinder nun Lern- oder Unterhaltungsfilme ansehen. Zudem wird den Tablets die Schuld in die Schuhe geschoben, ohne dass das wirklich nachweisbar ist: »Isst das Kind zu viele Süßigkeiten, weil es viel Computer spielt, oder spielt es viel Computer, weil es einen erhöhten BMI hat?«, fragt Sabrina Thom auf »Digitalisierung der Bildung«, einer medienfreundlichen Website der Bertelsmann-Stiftung.[10]

Dass übermäßige Nutzung schädlich ist, dürfte außer Frage stehen. Aber das hilft uns als Eltern im Alltag wenig – denn wann ist es »übermäßig«? Und welchen Unterschied macht es, ob mein Kind ein Mathe-Lernspiel spielt, einen Stop-Motion-Film dreht oder *Clash of Clans* spielt? Wir wissen es nicht.

Zahlen gibt es hierbei nur fürs Fernsehen: »Ennemoser et al. (2003) stellten in ihrer vierjährigen Längsschnittuntersuchung zum Einfluss des Fernsehkonsums auf die Entwicklung von Sprach- und Lesekompetenzen fest, dass Grundschulkinder mit niedrigem Sozialstatus höhere Fernsehzeiten und schwächere Sprach- und Lesekompetenzen aufwiesen. Überraschend war, dass vielsehende Kinder mit hohem sozioökonomischem Status in ihren Leistungen besonders schlecht abschnitten.«[11] Aber was heißt das? Ist das Fernsehen schuld oder sehen wir hier vor allem die Verwahrlosung der Kinder, die sich mit zu wenig Zuwendung in den Villenvierteln genauso schlecht entwickeln wie vernachlässigte Kinder in sogenannten Problembezirken? Dann sind die Medien hier wohl das Symptom, nicht die Ursache.[12]

Medienkompetenz oder: Wie legt man einen Ordner an?

Schauen wir doch mal, wie die Kinder die digitalen Werkzeuge benutzen und was sie können.

Ein Großteil (70 Prozent) der Acht- bis Neunjährigen kann eine DVD einlegen. Schwieriger wird es schon, wenn sie ins Internet gehen wollen, das kann nur jedes dritte Kind allein. Einen Computer nutzen, beherrschen und Ordnung schaffen – also zum Beispiel Ordner am PC anlegen –, können nur zwei von zehn Kindern, sogar bei den Zwölf- bis Dreizehnjährigen können es nur drei von zehn Kindern![13]

Wenn wir diese Zahlen lesen, könnte man auch zu dem Schluss kommen: Unsere Kinder sind zu wenig am Computer! Sie lernen zu wenig, damit umzugehen, ihn sinnvoll zu nutzen. Wenn digitale Geräte »Zauberkisten« bleiben, mit denen man sich sediert, und jeder auf seiner Insel versinkt, dann wird es schwierig, sagte uns Benjamin Wockenfuß, Verhaltenstherapeut und Leiter des Medien-Projektes *DigiKids*, im Interview. Stattdessen sollten Computer, Tablet und Co. Werkzeuge sein, die man kreativ nutzen kann. Wenn das Kind kleine eigene Filme schneidet, Roboter mit dem Tablet programmiert oder das Smartphone zur Recherche und den Computer zur Organisation von Wissen nutzt, lernt es in der Tat Fähigkeiten, die es braucht. Wenn mein Zehnjähriger hingegen nur weiß, wie er WhatsApp bedient und auf dem Tablet die Spiele findet, um sich seine Langeweile zu vertreiben, dann haben wir eine völlig andere Situation. Außerdem gehören Medien – also Handys, Digitalkameras, Computer, Tablets, aber auch Comics, Fernsehen und YouTube – zur Welt der Erwachsenen und auch zur Welt unserer Kinder. Es wäre nicht fair, sie davon abzuschneiden. Es ist aber auch nicht klug, sie damit allein zu lassen. Wir müssen ihnen beibringen, wie man sie sinnvoll nutzt, wie man sie beherrscht und auch, wo man aufpassen muss.

Auch hier zählt wieder das Vorbild der Eltern. Wenn Eltern sich viel selbst per Bildschirm »sedieren«, ist es kein Wunder, wenn Kinder ihnen das gleichtun. Wenn Kinder hingegen erleben, dass Computer zum Arbeiten und Erschaffen benutzt werden, werden sie eher ganz von selbst diese Haltung übernehmen. Vielleicht machen sie Stop-Motion-Filme oder gestalten ihre Geburtstagseinladungen selbst oder lernen Programmieren. Oder irgendetwas ganz anderes, was für sie in diesem Augenblick wichtig ist.

Warum wir Medien nicht verbieten sollten

Norbert Neuß und Wolfgang Schill schreiben in der Broschüre *Anregung statt Aufregung. Neue Wege zur Förderung von Medienkompetenz in Familien:*[14] »Eltern, die die Kommunikations- und Handlungsbedürfnisse ihrer Kinder ernst nehmen und respektieren, werden den Umgang mit Medien auch als eine wichtige Entwicklungsaufgabe von Kindern verstehen. Und wenn sie für ihre Kinder eine Alltags- und Lebenswelt schaffen, in der diese ihre Bedürfnisse auch immer wieder unabhängig von Medien befriedigen können, werden sie ›die medialen Sinnstifter‹ eher als Bereicherung des Familienlebens ansehen können und weniger als Problem wahrnehmen.« Sie empfehlen herauszufinden, welche Rolle Medien eigentlich in unserer Familie haben (Information? Babysitter? Ablenkung? Entspannung?). Ist der Fernseher ein wichtiges Familienmitglied oder eine willkommene Abwechslung? Und welche Bedürfnisse der Kinder können durch Fernseher, Tablet & Co. nicht befriedigt werden (Nähe, Kontakt, Selbstwirksamkeit)? So finden wir schnell heraus, für welche Zwecke wir Medien nutzen wollen und welche anderen gemeinsamen Aktivitäten wir mit den Kindern brauchen, um ihre Suche nach Selbstwirksamkeit, Anregung, Kontakt und sozialer Anerkennung zu sättigen.

Okay, wenn jetzt die Smartphones häufig verteufelt werden, haben wir uns gefragt: Was ist eigentlich mit dem Fernsehen? Auch wenn das Smartphone in aller Munde ist – der Fernseher ist das Medium, das Kinder immer noch am meisten benutzen. Und Erwachsene auch. Mehr als 200 Minuten täglich schauen die Großen, etwa 100 Minuten täglich die Kleinen.[15] Also: Zuerst atmen wir durch. Und hören zu. Dann evaluieren wir die Situation. Wie schlimm ist es? Wo müssen wir eingreifen? Können wir eingreifen? Vielleicht kann die Grundschule ja das Handyverbot doch konsequenter durchsetzen?

JULIA: Mir hat es ganz enorm geholfen zu wissen, dass die meisten Eltern im Rückblick feststellen, dass sie sich zu viele Sorgen gemacht haben, und zwar sowohl was den Umfang als auch was die Inhalte des Medienkonsums ihrer Kinder angeht.[16] Jeder hat ja so die Momente, in denen es bei ihm klick macht. Bei mir war es der Augenblick, als ich von diesen Studien las. Seither überprüfe ich mich immer mal wieder daraufhin, ob ich wirklich glaube, dass das, was mir gerade wichtig erscheint, irgendwelche negativen Langzeitfolgen hat. In der Regel ist das nicht der Fall.

Also was macht der Medienkonsum nun mit den Kindern? Wir wissen es nicht. Was wir wissen ist: Wir können jammern und wehklagen und uns zurück in den Dschungel wünschen – aber davon wird sich nichts ändern. Das Internet »ist da. Smartphones und Tablets sind da, freies WLAN in jeder Kleinstadt ist da. Das ist der neue Spielplatz, und wir müssen damit umgehen lernen. Es nützt nichts, darüber zu jammern. Bespielen wir ihn!«, wie Julia in *Die Tyrannenlüge* schrieb.[17]

Bespielen bedeutet: Machen wir uns diesen »neuen Spielplatz« zu eigen. Das, was uns vertraut ist, kann uns nicht mehr schrecken. Wir können nicht verhindern, dass unsere Kinder früher oder später Pornos und möglicherweise Gewaltvideos zu sehen bekommen. Sosehr wir uns das auch anders wünschen – das Zeug ist da draußen, und wenn wir die Kinder nicht auf einer paradiesischen einsamen Insel großziehen wollen (oder können), dann besteht die Möglichkeit, dass sie mit solchen Inhalten in Berührung kommen. Aber wir können wach bleiben, aufmerksam sein, da sein – und Alternativangebote machen.

Und dann ... reden wir mit unseren Kindern. Erklären wir ihnen, warum wir nicht wollen, dass sie Pornos gucken. Erklären, dass es Altersgrenzen nicht ohne Grund gibt. Erklären, dass wir auch verstehen, dass das faszinierend ist. Dass sie sich nicht schämen müssen. Und wenn sie älter sind, erklären wir auch, wie solche Streifen entstehen und warum wir – wenn wir schon Erotik schauen wollen – nur wirklich hochklassigen Kram ansehen und nicht den Billigkram: weil dort menschenverachtend gearbeitet wird.

Aber wir wissen ganz sicher, dass Vorlesen gut ist. Es macht die Kinder wissbegieriger, sie können sich dabei gut konzentrieren und mitdenken. Auch ihre Noten werden dadurch besser.[18] Aber was noch viel wichtiger ist: Sie lieben es. Laut der Vorlesestudie 2015 finden Kinder, dass Vorlesen so gemütlich ist und es »einfach schön« ist, dass die Eltern sich Zeit nehmen. Finden wir – als Eltern – auch!

So geht's!

Neuß und Schill bieten eine schöne Liste, was unsere Aufgabe als Medienvorbilder für Sechs- bis Zwölfjährige ist:

- Wir verabreden Regeln, handeln sie auch aus und vertrauen den Kindern dann, dass sie sie einhalten können.
- Wir halten es aus, dass die Kinder auch mal eigenwillige mediale Vorlieben und Medienhelden haben (hatten wir ja auch!).
- Wenn neue Medieninteressen (z. B. Nutzung des Internets, Nintendo-DS usw.) aufkommen, begleiten wir die Kinder und zeigen ihnen, wie es geht.
- Wir reduzieren die Mediennutzung mindestens auf ein Maß von ca. 60 Minuten am Tag.
- Wir bieten »echte«, starke Alternativen (Feuer, Klettern, Surfen, Tiere, Bauen) zu den digitalen Welten, »Primärerfahrungen« nennen die Forscher das.
- Wir ermutigen unsere Kinder dazu, genau wie wir ihre Welt

auch zu dokumentieren, mit den digitalen Fotos etwas zu basteln etc.

- Wir sprechen mit den Kindern darüber, wie wir unseren Alltag mit und ohne Medien gestalten können.

Wir empfehlen darüber hinaus:

- Sprechen wir mit den Kindern darüber, was man noch machen kann außer »daddeln«! Drehen wir Filme, recherchieren wir, programmieren wir Roboter. Tablets und Smartphones ermöglichen eine Menge kreative Sachen, die wir den Kindern nahebringen können.
- Spielen wir mit! Schauen wir mit! Um die Welt unserer Kinder verstehen zu können und uns selbst auch die Angst zu nehmen, um mitzukriegen, was sie bewegt und was gerade los ist, hilft nichts so gut wie dabei zu sein.
- Halten wir es aus! Wir wissen, dass aggressive Spiele noch kein aggressives Kind machen, dass aber aggressive Kinder stärker zu aggressiven Spielen neigen. Also schauen wir auf unser Kind und atmen tief durch.

WILD PARENTS

Im Kapitel »Wild Kids« haben wir gezeigt: Ein Kind kann nur das lernen, was wir – alle Erwachsenen und älteren Kinder, mit denen das Kind zu tun hat – ihm zeigen und vorleben. Das lernt es dann dafür aber auch umso gründlicher. Der alte Spruch kommt nicht von ungefähr: Es hat keinen Sinn, Kinder zu erziehen, sie machen einem sowieso alles nach.

JULIA

»Kannst du mal eben den Kompost rausbringen?« – »Gleich.«

»Die Kaninchen müssen noch versorgt werden.« – »Gleich.«

Ha!, denkt ihr jetzt. Ist ja auch ein bisschen blöd, wenn sie das Kind aus dem Spiel holt, um den Kompost rauszubringen, der ja nun wirklich drei Minuten warten kann.

Stimmt. Ist blöd.

Aber es läuft ja nicht nur bei Kompost und Kaninchen so.

»Lass uns losfahren zum Strand.« – »Gleich.«

»Gibt Eis!!!« – »Gleich.«

Neulich hatten wir wieder so eine Situation, und mein Mann sagte: »Hast du das schon gemerkt? Egal, was es ist, er sagt immer: ›Gleich.‹«

Ich, irgendwie aus Versehen in den Ich-habe-was-falsch-gemacht-Modus geraten, setze an zu erklären: »Ja, ich weiß auch nicht, ich versuche schon immer dies … und jenes … und …«

Und mein Mann sagt: »Nein, darauf will ich ja gar nicht hinaus.«

Wie? Nicht?

»Nein, ich habe beobachtet, dass wir das auch machen. Wir sagen immer: ›Gleich!‹, egal, was er will.«

Und weil das so ist, dass Kinder uns alles nachmachen und auch auf unsere Stimmungen und heimlichen Ängste mit ihren superfeinen Antennen reagieren, werden wir in diesem Teil des Buches den Fokus auf die Eltern legen. Was macht es mit uns, wenn die Sechsjährige unbedingt vom Fünfmeterturm springen, der Achtjährige partout mit dem Rad zu seinem Kumpel fahren will? Wie gestehen wir uns selbst Freiheit zu, damit unsere Kinder sie leben können? Wie überleben wir die Angst, die daraus entstehen kann? Wie verstehen wir richtig, was unsere Kinder uns in der ihnen eigenen, manchmal eher kreativen Weise mitteilen wollen?

So viele Fragen, und natürlich gibt es auf alle wie immer nicht eine einzige richtige Antwort. Doch für alles gilt: Das Allerwichtigste ist, dass Eltern authentisch vorleben, was sie sich von ihren Kindern wünschen.

freiräume erlauben

Daniela hat uns folgende Geschichte erzählt:

Meine Tochter ist elf Jahre alt und drei Tage auf Klassenfahrt gefahren. Schon vor der Fahrt gab es rege Diskussionen beim Elternabend. Die Eltern wollten wissen, was die Kinder wann trinken, was sie essen, was sie anziehen. Kaum waren die Kinder einen halben Tag unterwegs, schickte die mitfahrende Mutter die ersten Bilder in die Klassengruppe – eigent-

lich ein schöner Zug. Aber ich fragte mich schon, warum die Kinder nicht einfach auch mal unbeobachtet sein können. Bei keinem meiner drei anderen Kinder habe ich das so erlebt.

Die viel zitierten Helikoptereltern kreisen unserer Erfahrung nach nicht, wie gern postuliert, permanent über allen Kinderköpfen, sondern sind eher die Ausnahme. Aber eine gesellschaftliche Entwicklung macht uns durchaus nachdenklich, und das ist der immer kleiner werdende Freiraum der Kinder. Kinder brauchen Zeiten, in denen sie unbeobachtet sind, in denen nicht permanent das Kameraauge auf ihnen ruht.

Würden wir noch in Jäger- und Sammler-Verbänden leben, wären unsere sechs- bis zwölfjährigen Kinder längst mit der Kindergruppe unterwegs, und wir würden den ganzen Tag nichts von ihnen sehen. Was vollkommen okay wäre. Diejenigen von euch, die auf dem Land wohnen, kennen dieses Phänomen vielleicht auch heute noch. Das Kind zieht morgens los und kommt abends erschöpft, glücklich und mückenzerstochen wieder nach Hause.

»Es ist bezeichnend, wie intensiv meine eigenen Erinnerungen an jene Abende sind, wenn die Luft stillstand und die Nacht noch nicht kommen wollte. (…), wenn die Eltern auf den Terrassen saßen und sich alle Kinder der Nachbarschaft auf dem Spielplatz versammelten, der zwischen den Gelbklinker-Häusern unserer Vorstadtstraße lag. Mir klopfte das Glück bis zum Hals, während ich davonlief und in meiner Deckung kauerte.« So erinnert sich Autor Andreas Weber in *Mehr Matsch!* an das von den Eltern unkontrollierte Räuber-und-Gendarm-Spiel in seiner Kindheit.[1] Wer von uns hat nicht solche Erinnerungen?

Derartige Erlebnisse sind nicht nur deswegen wichtig, weil sie unserer romantischen Vorstellung von Bullerbü entsprechen, sondern Kinder brauchen auch Orte – Welten –, in denen sie unbeobachtet sind, auf sich allein gestellt, frei, im Idealfall: ohne mit dem Handy trackbar zu sein und ohne Kontrolle. Generationen von Kindern haben da draußen überlebt – unsere tun das auch.

Bei solchen Erlebnissen, die nur ihnen gehören, lernen Kinder viel über sich selbst und die Welt, sie finden eigene Lösungen für Probleme, bei den wir lieber nicht dabei sein wollen (»Mama, das war so lustig! Stell dir vor, wir sind auf dem Teich mit dem Floß abgetrieben, und dann musste Ben ins Wasser springen und uns zurückschieben«), sie erleben sich selbst als stark und frei und selbstwirksam – ohne dass das von uns pädagogisch wertvoll kommentiert und bewertet wird.

JULIA

»Wo geht ihr denn hin?«

»Nur hinten zum Osterfeuerplatz.«

Der Osterfeuerplatz ist einer der wenigen Orte bei uns, wo es so etwas wie einen Wald gibt. Wald ist gut. Ich mag es, wenn sie zum Osterfeuerplatz gehen. Lieber, als wenn sie zu dem anderen Mini-Wäldchen gehen, das direkt an der großen Straße liegt.

Aber nach einer Stunde sind sie schon wieder da. »Was macht ihr denn schon wieder hier?«

»Max' Opa wollte nicht, dass wir mit den Steigeisen auf die Bäume klettern.«

Ah. Max' Opa ist ein kluger Mann. Die Bäume sind oben nämlich ganz schön dünn. »Wie wäre es, wenn ihr ohne die Steigeisen auf die Bäume klettert?«

»Das ist langweilig.«

Ich erinnere mich nicht, was dann passiert ist, vermutlich haben sie irgendetwas anderes Gefährliches gefunden. Aber – und das ist eigentlich der Kern der Story – inzwischen, fünf Jahre später, verdienen diese beiden Kletterer sich hin und wieder ziemlich gutes Taschengeld damit, dass sie für andere Leute Bäume roden. Große Bäume. Mit Steigeisen, Klettergurt und Kettensäge. Und ich bin heilfroh, dass ich dabei nicht zugucken muss, sondern sagen kann: »Jungs, ihr wisst, Sicherheit geht immer vor«, und sie dann genau erklären, wer wann wen sichert, wer sägt und warum das alles absolut sicher ist. Die Sache scheint durchdacht zu sein.

Für Eltern ist es wichtig, dieses Bedürfnis nach etwas ganz Eigenem, das die Eltern nicht kontrollieren können, zu achten. Paradoxerweise tun viele Eltern das, wenn es um das Online-Leben ihrer Kinder geht, nicht aber, wenn sie durch die Nachbarschaft ziehen wollen. Deswegen ist unser Appell: Lasst sie raus. Lasst sie ziehen. Im Zweifelsfall: Schickt sie sogar raus!

Wir wissen, dass das manchmal nicht einfach ist. Aber zur Not könnt ihr ja, falls ihr die Zeit dazu habt, am Anfang auch mal unauffällig folgen, wie Julias Mutter das tat, als Julia anfing, allein mit dem Rad in die Stadt zu fahren.

Wir wissen auch, dass die Situation in der Stadt anders ist als auf dem Dorf. Auch da müssen – und können! – die Kinder lernen, mit den Gegebenheiten umzugehen. Aber ebenso wissen wir, dass Kinder diese unbeobachtete Zeit, das Unvorhersehbare, das Unverplante, Unkontrollierte, Unbewertete draußen brauchen. Das Gute ist, dass es dafür gar nicht viel braucht. Es gibt, wie Andreas Weber schreibt, »Hoffnung für ein glückliches ›Verwildern‹ unserer Kinder. Ein perfektes Biotop ist dafür nicht vonnöten. Ein Stück Brachland um die Ecke reicht. Ein Schulhof etwa, der nicht TÜV-geprüft ist, sondern sich selbst und den kreativen Ideen der Kinder überlassen wird. Was Kinder benötigen, sind sinnliche Erfahrungen in

Freiheit. Nicht mehr, nicht weniger. Und so schwer wir es akzeptieren können: Zu dieser Freiheit gehört auch ein bisschen Risiko, ein bisschen echte Gefahr«.[2]

So geht's! Tür aufmachen. Rauslassen.

verantwortung lehren

Wir können nicht immer beeinflussen, was geschieht.
Aber wir können immer entscheiden, wie wir darauf reagieren.

Wir wissen, dass das ein Zitat von einem klugen Menschen ist, aber wir wissen leider nicht, von wem. Aber wir sind uns sicher, dass es stimmt.

Verantwortung lehren bedeutet zunächst einmal, selbst Verantwortung zu übernehmen. Für sich, für die eigenen Gefühle, das eigene Umfeld und dann eben auch das große Ganze.

Verantwortung dafür zu übernehmen, wenn man den Müll nicht rausgebracht oder den Lieblingspullover des Sohnes in der Wäsche verfärbt hat, ist das eine. Verantwortung für die eigenen Gefühle und das eigene Leben zu übernehmen, ist das andere.

Kinder können nur lernen, »keine Opfer zu sein«, wenn ihre Eltern das auch nicht sind. Und das meinen wir ganz unabhängig von dem unschönen, als Schimpfwort gebrauchten »Du Opfer« tatsächlich so, dass Eltern die Verantwortung für das übernehmen, was ihnen passiert – nicht unbedingt in dem Sinne, dass sie es verursacht haben, obwohl auch das vorkommen mag. Aber wir wollen Verantwortung strikt von irgendwelchen Schuldgefühlen trennen.

Wir können die Umstände nicht immer ändern. Wir können nicht ändern, dass der Chef gerade in Scheidung lebt und seinen Frust an der Belegschaft auslässt. Wir können (vermutlich) nicht ändern, dass die Kommune die Gelder für die Kinderbetreuung gekürzt hat. Wir können nicht ändern, dass sich die Bahn verspätet, und wir können nicht (allein) ändern, dass die Ozeane voller Plastik sind. Aber wir können beeinflussen, wie wir darauf reagieren.

Wir können entscheiden, ob wir die Welt für furchtbar unfair halten, weil sich die Bahn *Immer. Nur. Bei. Uns!* verspätet, oder ob wir anerkennen, was für eine unglaubliche logistische Meisterleistung dahintersteht, so viele Züge relativ unfallfrei und pünktlich durch die Republik zu manövrieren, und vielleicht vorsorglich ein Buch und eine Flasche Wasser mehr mitnehmen.

Wir können entscheiden, ob wir jammern, dass die Welt immer schlimmer wird, oder wir versuchen, beim Einkaufen auf Plastik zu verzichten, und sammeln beim Spazierengehen jedes Mal ein bisschen Müll im Wald ein.

Und wir können noch etwas viel Radikaleres tun. Wir können diese Verantwortung für die eigenen Gefühle auch in der Familie leben. Leicht gesagt. In der Praxis ist es oft nicht ganz so einfach.

JULIA: Ich beobachte oft, dass Eltern sagen: »Es nervt mich, dass du dies oder jenes tust.« Ich ertappe mich selbst manchmal dabei, vor allem, wenn ich im Vorfeld nicht gut auf mich aufgepasst habe. Zu wenig frische Luft, zu wenig Schlaf, zu viel Kaffee – und dann schallt auch noch laute Dancehall-Musik durch die Wohnung. Ich atme. Ich atme noch mal. Ich denke: Komm, stell dich nicht an. Und dann rufe ich: »Kannst du diese gruselige Musik mal leise machen? Sie nervt mich!« (Zu meiner Entlastung muss ich sagen, dass ich das in der Regel freundlich rufe.)

Dabei wäre die korrekte Aussage (die ich mit ihren vielen Worten dem Kind natürlich erspare, aber der ich mir durchaus bewusst bin): »Ich habe leider meinen Zeitplan beim Schreiben nicht sinnvoll eingehalten, ich hänge hinterher, schlafe zu wenig und erlaube deswegen, dass mich äußere Faktoren echt mürbe machen. Ich brauche Rücksichtnahme.«

Die meisten Eltern kennen das in der einen oder anderen Form: »Ich bin genervt, weil du rumtrödelst und wir zu spät zu Oma kommen.« – Aber das Kind kann nur was fürs Trödeln (was ihm vielleicht gerade sehr sinnvoll erscheint, weil es eine sehr wichtige Entdeckung am Wegesrand gemacht hat). Es kann absolut gar nichts dafür, dass die Mutter genervt ist. Der Kausalzusammenhang stimmt also nicht. Die radikale Wahrheit wäre zum Beispiel: Ich habe Angst, dass Oma dann wieder rumnörgelt, und will uns das ersparen. Die braucht man dem Kind nicht in epischer Breite mitzuteilen, aber es hilft, sich ihrer bewusst zu sein und die Verantwortung für das eigene Nervenkostüm nicht dem Kind aufzudrücken.

»Ich will sofort, dass ihr aufhört zu streiten, es nervt mich!« – Aber Geschwister streiten nun mal. Um genau zu sein: sechs Mal pro Stunde, das ist der westlich-industrielle Durchschnitt.[3] Und das ist gesund. Sie müssen Konflikte austragen, Konfliktlösung üben und auch daran scheitern dürfen. Das ist Teil des Lernprozesses. Sie können also gar nichts dafür, dass sie streiten. Und sie können auch nichts dafür, dass der Vater davon genervt ist. Die radikale Wahrheit wäre hier: Ich habe seit Wochen einen Abteilungsleiter im Nacken, der eigentlich Unmögliches von mir verlangt, jetzt müssen wir noch einkaufen gehen und eigentlich bin ich total genervt, dass ich euch heute auch noch abholen musste, weil ich gleich nämlich noch was zu Ende arbeiten muss, das ich morgen vorstellen soll. Ich habe einfach keine Kraft mehr, euch Konfliktlösung beizubringen! Ich habe aber auch keine Kraft, mich gegen meinen Abteilungsleiter zu stellen, damit er mich nicht mehr so stresst. Also will ich, dass *ihr* wenigstens so seid, wie ich das brauche.

→ **So geht's!** Verantwortung zu übernehmen setzt zunächst einmal radikale Ehrlichkeit sich selbst gegenüber voraus. Das erfordert Mut – aber es lohnt sich! Also: Was triggert mich wirklich? Wo liegt mein Problem? Und wer hat die Verantwortung dafür? Es ist so viel einfacher, den Kindern, der Welt, den Medien die Schuld für meine Misere zu geben, als selbst etwas zu ändern. Aber wir glauben daran, dass wir uns immer besser fühlen, wenn wir unser Leben selbst in die Hand nehmen. Selbst wenn wir nichts ändern können, hilft es, radikal ehrlich zu schauen, wo der Knackpunkt ist.

angst aushalten

JULIA: Als wir in Kalifornien wohnten, gab es an unserem Strand eine Felskante. Es war nicht wirklich gefährlich, auf ihr herumzuklettern, es gab genügend Vorsprünge, an denen sich auch aus der Übung geratene Menschen wie ich festhalten konnten. Die Sache war nur die: Ein paar Meter weiter unten donnerten die Wellen an den Felsen. Mein Sohn war schon wie eine Gämse bergan gehüpft und stand eineinhalb Mannshöhen über mir, als auf einmal die Angst kam. Ich konnte weder meine Hände noch meine Füße auch nur einen Millimeter bewegen, mein Körper war wie versteinert.

»Los, Mama, du schaffst das.«

Ich schaffte gar nichts. Weil ich mich ja, verflucht noch eins, nicht bewegen konnte.

Erst als er sagte: »Na los, du bist doch Supermom«, musste ich lachen und konnte mich aus der Erstarrung lösen.

Angst ist Angst. Angst um die Kinder. Angst vor der Felskante – im Körper passiert immer dasselbe. Aber was passiert in solchen Momenten? Angst ist letztlich bloß eine neurophysiologische Reaktion auf eine wahrgenommene Gefahr – ob die Gefahr real ist oder nicht, interessiert unser Hirn dabei nicht die Bohne! Unser Körper schaltet dann durch eine schnelle Ausschüttung von Stresshormonen in den Blutstrom auf *Fight or Flight* – Kampf oder Flucht: Herzschlag und Atem beschleunigen sich, das Blut wird aus den äußeren Gliedmaßen in den Körper gezogen, wir schwitzen und zittern. Und unsere höheren Hirnfunktionen werden heruntergefahren, bis nur noch das Reptiliengehirn funktioniert, das ohne irgendwelche menschlichen Skrupel den Organismus am Leben hält, indem wir rennen, kämpfen oder wie in Julias Fall erstarren.

Instinktiv tat ihr Sohn dort an der Klippe genau das Richtige. Er sprach ihre höheren Hirnfunktionen an, er brachte sie zum Lachen und zum Weiteratmen.

Diese Art von Schockreaktion kennen so gut wie alle Eltern. »Mama, ich warte kurz hier« – und wenn man nach einer Minute wiederkommt, ist das Kind weg. Ach was, nach dreißig Sekunden. Das Herz rast, die Hände werden kalt, Panik! Mein Kind ist weg! Ausnahmslos alle Teilnehmenden an unserer (unwissenschaftlichen, vollkommen unrepräsentativen) Umfrage hatten diese entsetzliche Angst schon erlebt. (Wir vermuten, dass jemand, der sie nicht kennt, keine Kinder hat. Und keine Hunde. Und keine Katzen.)

Wenn das Kind dann auf dem Spielplatz wieder zu sehen ist, wo es nur hinter der Rutsche saß, oder fröhlich zurückkehrt, nachdem es im Supermarkt nur den Kindereinkaufswagen weggebracht hat …

JULIA: … oder wenn eine nette ältere Dame einem in einer fremden, großen Stadt mit dem vierjährigen Sohn und seinem Roller entgegenkommt und sagt: »He was waiting for you at the traffic light.« …

NICOLA: … oder wenn, als ich meine vierjährige Tochter wie verrückt im Kölner Schokomuseum suche, nach einer geschlagenen halben Stunde mir eine junge Museumsmitarbeiterin mit dem blonden Engel an der Hand freudestrahlend entgegenkommt und sagt: »Also, so ein Kind, das überhaupt keine Angst hat, habe ich ja noch nie erlebt! Ihre Tochter kam einfach, sagte ganz ruhig, sie habe ihre Mama verloren und ich würde ja so aussehen, als wäre ich vom Museum, und ich solle ihr jetzt bitte helfen, und seitdem führt sie mich an der Hand hier herum, bis wir Sie jetzt gefunden haben!« …

… dann atmen wir erleichtert auf und denken, dass die Angst ein wenig überflüssig war. Ist sie aber nicht, sie hat uns über viele, viele Jahrtausende gute Dienste geleistet. Wir dürfen uns nur nicht von ihr einfangen lassen.

Ganz egal, ob es darum geht, einer unmittelbaren Gefahr ins Gesicht zu sehen, oder um diffuse Ängste, wie das Kind wohl auf der ersten Klassenfahrt zurechtkommt – zum Glück gibt es Strategien, mit diesen Ängsten umzugehen und handlungsfähig zu bleiben.

Theoretischen Ängsten, dass dem Kind etwas passieren könnte, kann man eher kognitiv beikommen als akuten Ängsten. Aber auch was diese angeht, können wir unseren Körper bis zu einem bestimmten Punkt austricksen, wenn er in Panik verfallen will. Ein hervorragendes Gegenmittel ist zum Beispiel das kurze Innehalten und Atmen. Michèle hat uns erzählt, wie wirkungsvoll das bei ihr war:

Mein Kind war einmal, als wir in einem sehr großen Supermarkt an der Kasse anstanden, plötzlich weg. Während die Kassiererin völlig aufgelöst reagierte, habe ich für zwei Sekunden die Augen geschlossen und geatmet. Danach habe ich Leute gebeten, nach meinem Sohn zu suchen, und bin mit unserer Tochter stehen geblieben, damit er uns wiederfinden kann. Er kam dann relativ kurz danach wieder, er hatte seinen Kindereinkaufswagen schon mal weggebracht …

Diese winzigen zwei Sekunden, in denen Michèle ihre Ruhe zurückerlangte, versetzten sie in die Lage, eine sinnvolle Handlungsstrategie zu entwickeln. Sie hat den Stresshormonen eins ausgewischt, und das geht tatsächlich in vielen Situationen.

Allerdings sind Menschen unterschiedlich programmiert, was die Aktivierung des Stresssystems im Körper angeht. Manche fahren schneller hoch als andere, die von Natur aus eher gelassen bleiben und reagieren wie Alexa:

Ich gerate nicht sofort in Panik, zuerst denke ich nach und suche nach meinem Kind, wenn es verloren geht. Allerdings, wenn einige Zeit vergangen ist, dann kriecht dieses Gefühl hoch und beginnt sich zu steigern. Unschön.

Ein auf den ersten Blick offensichtlich scheinender Schritt, um solche Situationen zu vermeiden, ist natürlich: vorbereitet sein. Doch das geht nicht immer. Klar, beim Ausflug in den Wildpark mag man dem Sohn die eigene Handynummer auf den Arm schreiben, für den Urlaub trainieren, dass die Tochter sagen kann: »I have lost my mom and dad, this is my dad's phone number« – aber im Alltag? Manchmal gibt es einfach Momente, in denen die beste Vorbereitung versagt. Und manchmal ist sie auch gar nicht sinnvoll.

Deswegen haben wir euch eine Strategie zusammengestellt, die hilft, in beängstigenden Situationen gelassener zu reagieren, ganz egal, ob es sich um einen akuten Schreck oder diffuse Ängste handelt.

So geht's: Zwei Sekunden die Augen schließen, zentrieren, atmen.

Atmen ist essenziell, und es gibt eine ganze Reihe von Studien dazu, wie tiefes Atmen die Stressreaktionen des Körpers lockert. Man kann auch Yoga oder Tai-Chi zu Hilfe nehmen, aber wir brauchen hier etwas, das garantiert und sofort hilft, und da müssen wir uns gegebenenfalls selbst ein wenig austricksen. Wir können nämlich nur tief atmen, wenn überhaupt noch Luft in die Lunge hineinpasst. Deswegen hilft es, zunächst alle Luft auszupusten – in die Lunge hinein fließt sie dann schon von selbst, dazu muss man sich weder einen Ballon im Bauch vorstellen noch sonst was. Besonders wirkungsvoll ist es, beim Ausatmen den Oberkörper nach unten klappen zu lassen. Puh – alles raus. Beim Aufrichten füllt sich die Lunge wie von allein.

Wenn du dann wieder denken kannst, frag dich, wie real die Gefahr eigentlich ist, vor der du Angst hast. Wovor habe ich Angst?

Läuft das Kind gerade auf eine große Straße, brauchen wir nicht anzufangen mit Atmen und Überlegen, das ist klar. Aber wenn es darum geht, Angst zu haben, dass es auf dem Geburtstag des besten Freundes zu viel Zucker isst, lohnt es sich schon. Wovor habe ich genau Angst? Dass ich ein überdrehtes Nervenbündel zu Hause habe, das die kleine Schwester traktiert, weil es nicht weiß, wohin mit sich und seiner Energie? Kann ich das ändern?

Es fühlt sich immer besser an, aktiv etwas gegen Bedrohungen ausrichten zu können. In akuten Situationen ist das auch oft möglich. Ein im Supermarkt verloren gegangenes Kind kann man suchen lassen, ein beim Spielen verletztes Kind auf den Arm nehmen. Aber da sind diese anderen Sachen, die diffuseren, die, wo uns die Hände gebunden scheinen. Das Kind wird in der Schule gemobbt; ich fühle mich nicht wohl damit, mein Kind mit dieser Lehrerin auf Klassenfahrt fahren zu lassen; bei Oma und Opa wird so viel geschimpft; die neue Frau meines Ex hasst mein Kind ... Betrachtet möglichst neutral, was davon sich wirklich ändern lässt.

Sollte ich es ändern? Vielleicht ist die wahrgenommene Gefahr etwas, das ich tatsächlich ändern sollte – aber vielleicht geht es um etwas, das trotz all meiner Sorgen, trotz meiner Widerstände letztlich für das Kind okay ist? Das gilt es herauszufinden.

gefahren richtig einschätzen

Wir haben sie als Zweijährige auf das Hochbett klettern lassen. Wir haben sie als Vierjährige aufs Pferd gesetzt. Wir haben sie mit fünf allein zu ihren Freunden laufen lassen. Und jetzt mit sieben dürfen sie auf Klassenfahrt, allein Brötchen einkaufen und auch mal selbst ein Kartoffelgratin kochen. Und wir lassen sie.

Der Trick mit den Gefahren ist nicht, die Kinder so lange vor ihnen zu bewahren, bis sie »groß« sind. Wann soll das sein? Und wie sollen sie dann mit etwas umgehen, was sie nie geübt haben?

NICOLA: Ich weiß nicht, wie meine Mutter das ausgehalten hat. Ich bin in Berlin zur Schule gegangen und bin schon mit sechs in der Grundschule jeden Morgen und jeden Mittag einmal quer mit der U-Bahn durch die Stadt gefahren – von Charlottenburg nach Grunewald. Eines Tages schlief ich in der Bahn ein – und fuhr bis zur Endstation. Eine alte Dame hat mich herausgefischt, und irgendwie bin ich auch wieder nach Hause gekommen, aber in einer Zeit ohne Handys war meine Mutter stundenlang in Sorge. Dennoch hat sie am Ende mit mir über das Missgeschick gelacht, mir erklärt, was ich in so einem Fall tun soll, und mich am nächsten Morgen wieder losziehen lassen.

Wir dürfen der Gefahr nicht ausweichen. Wir müssen sie üben. Klein anfangen (zur besten Freundin rüber), etwas mutiger werden (holt ihr heute mal die Brötchen) und immer mehr Raum geben (wenn ihr Hefte braucht, ab zum Schreibwarenladen, das schafft ihr!). Wir Eltern können so mit den Kindern wachsen und mitlernen.

So geht's: Zu den Gefahren der Kindheit gehören:

- große Tiere (Pferdehufe tun ganz schön weh)
- gefährliche Tiere (ja, auch Zecken und Flöhe)
- Natur (Kälte, Dunkelheit)
- Sport
- Haushalt (die meisten Unfälle passieren in der Küche)
- Wege (auf denen man verloren gehen kann)
- andere Menschen (auch wenn diese Gefahr viel geringer ist, als uns die Medien glauben machen)

Auch wenn wir die Tendenz haben, ein wildes Kind eher herunterzuregeln, die Forschung zeigt: Wir sollten das Gegenteil davon tun. Je wilder unsere Kinder sind, desto mehr Gefahren sollten wir ihnen ermöglichen. Denn gerade Kinder, die wenige Möglichkeiten haben, zum Beispiel gefährliche Sportarten auszuüben, machen später gefährliche Mutproben. Wenn Kinder klettern, wandern, surfen oder andere Dinge tun können, die Nervenkitzel hervorrufen, sind sie wie »satt« und brauchen nicht mehr. Außerdem lernen sie, Gefahren einzuschätzen und sich im richtigen Moment zurückzuziehen.

Kinder brauchen die Gefahr, den Nervenkitzel, das Gefühl, etwas zu schaffen. Wir tun gut daran, ihnen diese Erfahrungen zuzugestehen. Sonst holen sie sie sich in einem Alter und an Orten, die man nicht mehr einschätzen kann – zum Beispiel an Autobahnen oder Bahngleisen.

fehlertoleranz vorleben

> Vor einer Woche hatten sie schon einmal Pfefferkuchen gebacken. Die waren schon fast alle, aber von dem Teig stand noch ein Rest in der Speisekammer. Dachte Pettersson. Aber als er in die Schüssel guckte, lag dort nur noch ein kleiner Klumpen.
> »Kaum zu glauben, wie der geschrumpft ist«, sagte Pettersson. »Vielleicht hat ein kleiner Kater davon genascht?«
> »Das könnte sein, du«, sagte der Kater.
> »Oder vielleicht ein alter Mann?«
> »Das könnte sein, du«, sagte der Alte.
> Sven Nordqvist, *Pettersson kriegt Weihnachtsbesuch*

Niemand weiß, wer den Teig wirklich genascht hat – wahrscheinlich waren es beide. Das Entscheidende ist: Niemand meckert. Die ganze Interaktion ist augenzwinkernd und voller Großmut, was Verfehlungen angeht.

Denn davon, dass wir wissen, wer schuld ist, kommt der Pfefferkuchenteig auch nicht zurück in die Schüssel. Es kommt nicht darauf an, wer es war, sondern wie wir das Problem lösen.

➔ **So geht's!** Warum wir niemals »Wer war das?« fragen.

»Ich war's nicht!« Viele Kinder rufen das reflexhaft, egal, was passiert, und eigentlich auch egal, wer es war. Es ist die antrainierte Angst vor Strafe oder einfach nur davor, »es gewesen« zu sein, nicht perfekt zu sein. Manchmal haben wir das gleiche Gefühl, wenn Erwachsene uns immer sofort versichern, sie seien »nicht zuständig«. Was ist da los? »Schuld zu sein« ist ein soziales Problem. Schuld sein könnte zu sozialer Ausgrenzung führen (von Strafen müssen wir da gar nicht reden) oder zu Beschämung. Wir wissen, dass soziale Ausgrenzung im Gehirn die gleichen Areale aktiviert wie körperlicher Schmerz. Daher versuchen wir als Menschen, diese Situation um jeden Preis zu vermeiden.

Wenn wir »Wer war das?« fragen, dann etablieren wir eine Kultur der Schuldigen. Wenn wir aber Kinder großziehen wollen, die aktiv und mutig auf die Welt zugehen, die wir guten Gewissens loslassen können, dann ist es viel klüger, eine Kultur der Problemlösung zu etablieren. Eine Kultur, in der es weniger darum geht, Geständnisse zu erpressen und Strafen zu verhängen, als darum, Gefahrenquellen zu vermeiden, Konflikte zu lösen und Dinge wiedergutzumachen. Und wir etablieren eine Kultur, in der Menschen immer wichtiger sind als Dinge. In der die Unversehrtheit unserer Kinder immer über der Unversehrtheit des Porzellans steht.

Denn: Nichts ist so schädlich für ein kindliches Gehirn wie Scham. Natürlich rufen wir nicht »Hurra!«, wenn unser Achtjähriger vor Wut etwas auf den Boden wirft, das dann zerbricht. Aber wir behaupten auch nicht, dass er ein schlechter Mensch sei.

Es ist ein Unterschied zwischen »Ich will nicht, dass du das tust« und »Ich entziehe dir meine Liebe, wenn du so bist«. Eltern, die sich nicht angegriffen fühlen und wütend werden, können lösungsorientiert reagieren: »Stopp, das geht nicht. Hier ist ein Lappen. Ich will, dass du das sauber machst, und dann klären wir, was hier los ist.« Keine Schuldzuweisung, kein Erniedrigen und Beschämen. Nur eine klare Ansage und Lösungsfindung: »Mach einen Vorschlag, wie so was in Zukunft nicht mehr passiert« oder »Lass uns drüber reden, wie wir das vermeiden«.

Das Schöne ist nämlich, dass Kinder aus Fehlern praktisch von allein lernen. Da müssen wir gar nicht noch einen draufsetzen: »Aus Fehlern und Irrtümern lernen ist für niemanden angenehm, aber es führt dazu, dass Menschen eine Sache nachher besser verstehen, etwas Falsches nicht mehr tun, eine erfahrene Ungerechtigkeit nicht zulassen«, schreiben die Autoren Fritz Oser und Maria Spychiger in ihrem Buch *Lernen ist schmerzhaft*.[4] Kinder müssen erfahren, dass das, was sie getan haben, nicht okay war. Und sie müssen spüren, dass sie selbst trotzdem okay sind, und üben, was sie stattdessen hätten tun können.

NICOLA: Wir haben zu Hause eine Zeit lang eine Regel gehabt, wenn das »Du bist schuld!« überhandnahm. Ich habe sie von einem Freund gelernt, der mal im Kindergarten ausgeholfen hat. Der erzählte: »Wir haben morgens immer entschieden, wer heute schuld ist. Ich habe zum Beispiel verkündet: ›Ich bin heute schuld!‹, und damit war klar, dass ›Schuld‹ bei uns keine Kategorie ist, die eine Rolle spielt.«

JULIA: Wie lustig, das geht in genau die gleiche Richtung wie das, was wir zu Hause tun. Mein Vater war ein großer Wer-war's-Frager, und ich habe das als Kind verabscheut. Es bringt ja keinem was. Ich fand immer schon die Lösungsfindung wichtiger als die Schuldzuweisung. Entsprechend hat mein Sohn zu Hause nicht ein einziges Mal (ich schwöre!) »Wer war das?« gehört. Was ihn nicht daran gehindert hat, es einzuschleppen. Es fing mit fünf an, also im klassischen Lügenalter. Ich sage: »Oh, hier ist ja ein Teller kaputtgegangen.« Und er: »Das war Nina.« Selbst wenn Nina, seine beste Freundin, im Urlaub war! Es dauerte eine Weile, bis wir die Sache mit der Verantwortung für die eigenen Missgeschicke klar hatten, und heute ist das ein geflügeltes Wort bei uns geworden, das wir immer wieder gern und mit Augenzwinkern sagen: Nina war's.

Eltern können ihren Kindern zeigen, wie es anders geht, indem sie Folgendes beachten:

- Selbst Fehlertoleranz vorleben. Man kann Fehler eingestehen: Mir ist das runtergefallen, tut mir leid. Was kann ich tun, um das gutzumachen?
- Lösungsorientiert reagieren. Dir ist der Teller runtergefallen? Bleib stehen, damit du dir keine Scherben in die Füße trittst, ich hole einen Besen.
- Und: Humor funktioniert immer. Übertreibung funktioniert immer. Das ganze Leben nicht so ernst nehmen funktioniert immer.

JULIA: Wir haben noch ein schönes Ritual neben »Nina war's«. Als wir in Amerika lebten, fiel uns auf, wie häufig dort um Verzeihung gebeten wird. Ich fahre jemandem mit dem Einkaufswagen in die Hacken, die Person dreht sich um und sagt: »I'm sorry.« Und meint das! Und ich stehe da und denke: Ähm, nein. Ich habe doch gerade den Mist gemacht! Aus dieser Erfahrung heraus haben wir das Spiel des »Mir tut es viel leider als dir!« erfunden. Das geht, ebenso wie »Nina war's«, eigentlich immer. Diese Übertreibung macht es sehr leicht, Fehler zuzugeben. Etwa so: »Die Wäsche ist noch nicht gewaschen.« – »Tut mir leid!« – »Muss dir nicht leidtun.« – »Tut es aber. I'm sorry!« – »Mir tut es viel leider!« – »Und mir erst!« So machen wir quasi einen spielerischen Wettbewerb aus der Bitte um Verzeihung.

Und warum das Ganze? Weil Kinder, die Fehlertoleranz gelernt haben, sich in der Welt besser zurechtfinden. Wir können sie viel einfacher loslassen. Sie geraten viel weniger in Stress und verlieren keine Energie mit Selbstvorwürfen. Und damit sind sie in der Welt einfach sicherer unterwegs.

Laurence Gonzales schreibt in seinem Buch *Deep Survival* über die Charaktermerkmale von Menschen, die schwierige Situationen überstanden haben. Und wir reden hier nicht vom verpassten Bus, wir reden hier sozusagen von der Königsdisziplin der Resilienz: nacktes Überleben. Am Berg. Im Meer. Im Dschungel. Und das Erste, was Überlebende tun, ist in der Tat Fehlertoleranz. Sie sind wie alle Menschen geschockt, dass ihr Boot leckgeschlagen ist, ihr Flugzeug abgestürzt ist oder sie das Wetter falsch eingeschätzt haben. Aber sie bleiben nicht darauf hängen. Sie sagen sich: Okay, nicht gut gelaufen. Was mache ich als Nächstes? So kommen sie viel schneller dazu, Lösungen zu finden, als die Menschen, die sich drei Tage grämen, dass sie doch die andere Maschine hatten nehmen wollen.

So geht's! Wie kommt der Pfefferkuchenteig zurück in die Schüssel? Ein Geschwisterkind hat den Teig genascht, das andere weint, weil es sich aufs Backen gefreut hat. Was tun?

Entweder wir wissen, wer es getan hat. Dann kann man das Kind freundlich und ohne Vorwurf darauf hinweisen. »Ich sehe, dass hier jemand Teig an der Nase hat.« Und man kann das andere Kind entsprechend trösten. »Ich weiß, dass du jetzt traurig bist.« – Kein Schimpfen nötig. Das Teignascherkind schämt sich, wenn die Grundlage stimmt, genug, um es nicht wieder zu tun oder sich von sich aus eine Wiedergutmachung zu überlegen.

Oder wir wissen nicht, wer es war. Auch dann müssen wir nicht den häuslichen Sherlock Holmes rauskehren. »Derjenige von euch weiß, dass er es war. Blöd, dass wir jetzt keine Pfefferkuchen haben.« Fertig. Und dann essen wir eben Möhrensalat.

aufrichtigkeit vorleben

JULIA: Gerade in den Jahren zwischen zehn und zwölf passiert so wahnsinnig viel bei Kindern (okay, eigentlich passiert immer wahnsinnig viel, aber im Rückblick kommt es mir vor, als wäre meine eigene Unsicherheit in dieser Zeit am größten gewesen). Ich habe es als unglaublich wichtig empfunden, über diese Unsicherheit und mögliche Fehler immer offen zu reden. »Lieber Sohn, dein Papa und ich machen das hier auch zum ersten Mal. Wir geben uns größte Mühe, aber wir hatten vorher noch nie einen elfjährigen Jungen. Wir glauben, dass wir den Job im Großen und Ganzen gut machen, aber vielleicht machen wir eben auch manchmal Fehler.«

Froma Walsh (die schon erwähnte Psychologin, die sich mit Familienresilienz beschäftigt) weist darauf hin, dass aufrichtige Kommunikation Familienmitgliedern dabei hilft, sich einander verbunden zu fühlen. Dazu gehört eben auch, Schwierigkeiten zuzugeben. Und Freude und Stolz und all das, was uns als Menschen ausmacht. Kinder merken sowieso, was mit uns los ist – wir können es ebenso gut sagen. Vor allem lernen sie durch diese Art von Aufrichtigkeit, dass sie ihren Gefühlen trauen können. Wenn ein Kind zum Beispiel das starke Gefühl hat, dass ein Elternteil gerade traurig ist, und wenn dieses Elternteil dann sagt: »Nö, alles ist in Ordnung«, kann das für sensible Kinder schwierig werden, weil das, was sie zu wissen glauben, im Konflikt mit dem steht, was ihnen gesagt wird. Wir nennen das eine doppelte Botschaft, und das ist für Kinder schwer zu verdauen. Besser: »Ja, es geht mir gerade nicht besonders gut, aber das hat nichts mit dir zu tun, und ich lasse mir davon auch den schönen Sonnenschein draußen nicht verderben.«

So geht's!

- Spielen wir nicht die Experten, wenn wir es nicht sind.
- Bleiben wir in Kontakt und geben zu, wenn wir überfordert sind.
- Nehmen wir uns Zeit, über Dinge auch nachzudenken: »Ich weiß nicht, ob ihr das machen könnt. Ich muss nachdenken, mit Mama darüber reden, eine Freundin anrufen. Ich sag euch Bescheid.«
- Fragen wir, wenn wir nicht weiterwissen: »Warum machst du das? Warum ist das so? Wie siehst du das?« Behalten wir die Haltung: »Egal, wir machen das Beste draus!« – dann werden die Kinder diese Haltung auch lernen.
- Bleiben wir in dem Wissen, dass hier alle noch wachsen – auch wir – und dass weder wir noch die Kinder perfekt sein müssen.

zum richtigen zeitpunkt kuscheln

Es kommt der Tag, da dreht das Kind sich weg. Dabei wollten wir ihm doch gerade noch einen Kuss auf die Wange drücken. Während unser Kind noch im Kindergarten beim Abschied endlos auf den Schoß und in den Arm wollte und noch einen letzten, allerletzten, allerallerletzten Kuss brauchte, ändert sich das bei einigen schon in der Grundschule dramatisch. Spätestens mit Erreichen der Oberschule ist es dann vorbei. Unsere Zehnjährigen drehen sich mehr oder minder freundlich zur Seite und raunen: »Hey, nicht hier.«

Während Säuglinge in der Regel ständig und überall Körperkontakt brauchen, müssen wir schon bei Kleinkindern aufpassen, ob es gerade passt. Bei Schulkindern sollten wir zusätzlich die soziale Situation berücksichtigen: Ist es jetzt angebracht? Oder machen wir das Kind gerade lächerlich? Wir müssen die Grenze des Kindes beachten – je älter die Kinder sind, desto feinfühliger. Schauen wir besser immer genau auf die Situation.

NICOLA: Ich habe zwei unterschiedliche Kuschelkinder. Meine Tochter lässt mich, schon seit sie ein Kleinkind war, nicht an sich heran, wenn sie sauer ist. Aber wenn ich dann sanft in der Nähe bleibe, kommt sie zu mir und sagt: »Ich wollte vorhin schon, aber wenn ich sauer bin, kann ich nicht.« Mit ihr darf ich auch öffentlich kuscheln. Mein Sohn will immer kuscheln und geht auch immer darauf ein – aber außerhalb der Wohnung auf keinen Fall, seit er zehn Jahre alt ist. Ich musste also lernen, auf beide einzugehen und immer sehr genau hinzusehen. Denn immer, wenn ich meine, es jetzt herauszuhaben, ändert es sich wieder, und der Große läuft plötzlich nach der Schule auf mich zu und sagt: »Gut, dass du da bist, Mama! Kuss!«

So geht's!

- In welcher Stimmung ist mein Kind gerade? Will es Kontakt? Oder will es seine Ruhe?
- Was kommuniziert mein Kind – und was davon ist sein Bedürfnis?

- Wo befinden wir uns gerade, wie ist die soziale Situation? Besonders aufpassen müssen wir: vor Freunden, in der Nähe der Schule, an jeder Art von öffentlichem Ort.
- Gute Momente sind hingegen abends, zu Hause und vor allem immer, wenn das Kind es anbietet. Allerdings müssen wir bei unseren Schulkindern auch schon mal aktiv auf sie zugehen: »Hey, ich glaube, du könntest eine Umarmung vertragen – willst du?«

in kontakt bleiben

Mit Säuglingen in Kontakt zu bleiben ist vergleichsweise einfach. Der erste Intensivlernblock für Eltern kommt meist mit dem ersten Nein und dem ersten »Tom 'leinemachen«. Mittlerweile seid ihr vermutlich schon im Meisterkurs des Kontaktbehaltens.

Je größer die Kinder werden, desto weniger funktioniert Bindung über Körperkontakt und umso wichtiger werden Gespräche, geteilte Gedanken, qualitativ hochwertige Zeit (*quality time*). Und immer wieder das bedingungslose Aufeinander-verlassen-Können. In Kontakt bleiben bedeutet auch anzuerkennen, wann die eigene Anwesenheit eben gerade nicht gewünscht ist.

Kajas Tochter war nie ein lächelndes Kind, sondern hat die Welt immer eher skeptisch betrachtet. Für Kaja war das lange eine Herausforderung, bis sie irgendwann dazu überging, ihre Tochter, die damals ungefähr zehn war, direkt zu fragen: »Ich habe den Eindruck, dir geht es nicht gut. Gibt es irgendetwas, das ich dir gerade geben kann?« Ab und zu ließ die Tochter dann Trost zu und machte Vorschläge wie: »Du kannst deine Hand auf meinen Bauch legen.« Aber es gab auch andere Momente. Momente, in denen sie fauchte: »Du kannst mich einfach in Ruhe lassen.«

Kein leichter Augenblick für Eltern, die sich doch so sehr wünschen, dass ihre Kinder glücklich sind, und dabei gern helfen möchten. Für solche Fälle hilft uns das Wissen um das »Kommunikationsquadrat« des Psychologen Friedemann Schulz von Thun, von dem sicherlich einige von euch schon gehört haben. Dieses Modell besagt, dass jede unserer Äußerungen mehrere Ebenen haben und auf verschiedene Weise verstanden werden kann. Wir sprechen sozusagen mit vier verschiedenen »Schnäbeln« und hören mit vier verschiedenen »Ohren«:

- Sachebene: Worüber ich informiere
- Beziehungsebene: Wie wir zueinander stehen
- Appellebene: Wozu ich dich veranlassen möchte
- Selbstoffenbarungsebene: Was ich von mir selbst kundgebe[5]

Der Frühling hat gerade erst angefangen, es ist kalt draußen. Die Mutter sagt: »Es sind bloß zehn Grad.« Auf der Sachebene ist das schlicht eine Information über das Wetter. Auf der Beziehungsebene kann es je nach Vorgeschichte und Kontext heißen: Ich fühle mich verantwortlich für dein Wohlergehen. Auf der Appellebene mag impliziert sein: Zieh dir bitte die Jacke an, die vorn im Flur hängt. Und auf der Selbstoffenbarungsebene könnte es heißen: Ich habe gerade echt viel zu tun und kann mir kein erkältetes Kind leisten.

Weil Nachrichten so unglaublich viele Facetten haben, ist es umso wichtiger, dass Eltern sich klar und unmissverständlich ausdrücken – und sich auf der anderen Seite auch darüber klar sind, dass für Kinder oft zunächst erst einmal die Sachebene zählt.

Es ist kalt draußen. Ja.

Entsprechend ist es auch sinnvoll, darauf zu achten, auf welchem Ohr wir hören. Die meisten Eltern haben ein extrem gut entwickeltes Appellohr. Und da müssen wir aufpassen. Nicht jedes »Mein doofer Scheißmathelehrer ist so unfair« bedeutet gleich einen Hilferuf und Appell, dass wir in die Schule eilen und unser Kind mit Zähnen und Klauen verteidigen müssen, selbst wenn uns ganz furchtbar danach ist. Nicht jeder Streit auf dem Fußballplatz muss von Papa geklärt werden. Nicht jedes böse Wort der besten Freundin muss zwischen den Müttern ausgefochten werden. Oft haben es die Kinder ohnehin schneller vergessen als die Eltern. Wir können uns darauf verlassen, dass die Kinder uns ganz genau sagen, was sie brauchen – wenn wir fragen und hinhören.

So geht's! In Kontakt bleiben hat wieder mit Achtsamkeit und Grenzen zu tun. Wann ist meine Hilfe, meine Zuwendung gefragt – und wann nicht? Wir sollten daher immer fragen: »Möchtest du, dass ich einschreite? Möchtest du, dass ich mal hingehe? Brauchst du etwas von mir?« Im Zweifelsfall braucht das Kind keine Lösung und keine Hilfe, sondern einfach nur Aufmerksamkeit und Verständnis. Vor allem brauchen Kinder Erwachsene, die ihnen aufmerksam zuhören. Sehr aufmerksam. Zehn Minuten lang »Ach? Echt? Und dann? Hmmmm … aha … ach … und?« helfen dem Kind oft mehr als Vorträge über Zivilcourage, Schülerrechte und Empathie.

Wir sollten den Impuls, das Kind zu retten, so stark er auch ist, immer mit dem Kind absprechen. Unsere Kinder sind alt genug, um uns klar zu sagen, wo sie selbst rausgehen und kämpfen, Verantwortung übernehmen oder Lösungen finden wollen und wo nicht.

catch 'em being good

JULIA: Die Schule meines Sohnes hat einen großartigen Leitspruch, den ich auch im Alltag ziemlich tauglich finde: *Catch them being good*. Er dreht das veraltete Konzept, dass Kinder in unbeobachteten, unkontrollierten Momenten ständig Unsinn machen würden und man sie dabei erwischen müsste, einfach um: Ertappt sie dabei, Gutes zu tun! Geht davon aus, dass sie eigentlich den ganzen Tag damit beschäftigt sind, gut zu sein, ganz egal, ob man sie dabei kontrolliert oder nicht.

Aus zahlreichen Forschungen wissen wir, dass die Erwartungshaltung des Experimenteleiters das Ergebnis beeinflussen kann. Vor allem bei sozialen Experimenten gilt dies, und natürlich umso mehr im echten Leben zwischen Menschen, die sich lieben oder nahestehen.

Vermutlich haben alle von uns schon mindestens einmal entnervt gedacht: »Was tut er/sie denn jetzt schon wieder?« Das ist genau der Punkt, wo wir bei unseren fehllaufenden Gedanken gleich mal anfangen können zu üben, indem wir ein einziges Wort dranhängen: »Was tut er/sie denn jetzt schon wieder ... Gutes?«

Die Grundannahme, dass etwas Gutes passiert, kann auch das durchbrechen, was Schulz von Thun das »Teufelskreis-Modell« nennt: Beziehungsverhalten, das sich immer wieder gegenseitig bedingt, wobei sich beide Teile nur als die Reagierenden empfinden.[6] Die Mutter schimpft, weil das Kind ihr aus ihrer Sicht wichtige Dinge nicht erzählt, das Kind erzählt nichts, weil die Mutter seinem Gefühl nach immer schimpft. Oder – schwieriger – das Kind erzählt nicht von Problemen, weil die Mutter sich dann immer Sorgen macht. Die Mutter macht sich Sorgen, weil das Kind so wenig erzählt. Je nach Situation ist es mehr oder weniger einfach, aber solche Kreisläufe können wir durch Ändern der Grundannahmen in etwas Gutes ändern.

So geht's! Drehen wir das veraltete gesellschaftliche Paradigma um! Erwarten wir – reflexhaft – immer erst mal das Beste. Im nächsten Schritt können wir dann immer noch überlegen, ob wir aus irgendeinem Grund blöd finden, was die Kinder gerade getan haben. Aber erst mal: das Gute.

In der Küche klirrt es? Oh, ich glaube, da macht sich jemand selbst etwas zu essen. – Es ist so still. Liest du ein Buch? – Ihr seid so spät. Habt ihr noch Blumen gepflückt?

nicht loben – aber wenn, dann richtig

Haben wir unsere Kinder dabei »ertappt«, etwas Gutes zu tun, dann loben wir sie. Oder?

Nein, das tun wir besser nicht. Zumindest nicht im Sinne von »Du bist ein gutes Kind« und nicht mal im Sinne von »Wow, das hast du toll gemacht«. Warum nicht?

Wir haben im täglichen Umgang mit vielen Familien festgestellt, dass Lob nicht unbedingt positiv ist. Loben will gelernt sein. Betrachten wir uns zunächst zwei Arten von Lob, die ihr am besten gleich komplett streicht: das manipulative Lob und das Leistungslob.

Unter manipulativem Lob verstehen wir Lob, das bewusst darauf angelegt ist, das zukünftige Verhalten des Kindes zu steuern.

Glücklicherweise ist es in seinen krassesten Formen heute kurz vor dem Aussterben, und wir sehnen sein Ende herbei. Aber falls ihr euch jemals bei Äußerungen wie »Sei ein guter Junge und gib deiner Schwester das Spielzeug … so ist brav!« erwischt, verbannt sie am besten zurück in die Mottenkiste, wo sie hingehören. Es geht im Leben nicht um Bravsein, es geht um konstruktives Miteinander. Was, wenn der Kleine seiner Schwester das Spielzeug nicht gibt, das ihm so wichtig ist? Ist er dann kein »guter Junge« mehr?

Leistungslob ist ein bisschen schwieriger von gutem Lob zu differenzieren. Es ist dennoch wichtig, dass wir das tun, denn falsches Lob kann tatsächlich Schaden anrichten.

Leistungslob wäre zum Beispiel: »Hey, du bist wirklich ein großartiger Künstler«, wenn ein Kind ein schönes Bild gemalt hat. Oder: »Du bist eine superschnelle Läuferin, wie ich sehe.« Diese Art von Etikettierung führt vor allem bei Kindern mit eher geringem Selbstwertgefühl dazu, dass sie sich dann umso schlechter fühlen, wenn sie eben mal nicht diesen Vorgaben entsprechen, das Bild danebengeht oder die Tagesform beim Laufen nicht besonders toll ist. Absurderweise neigen Erwachsene ganz besonders bei unsicheren Kindern dazu, diese Art von Lob anzuwenden, wie ein Team um den Psychologen Eddie Brummelman herausfand. »Erwachsene mögen denken, dass es hilft, das geringe Selbstwertgefühl der Kinder dadurch zu bekämpfen, dass man Talente oder Fähigkeiten lobt. Aber das vermittelt Kindern, dass sie nur dann wertgeschätzt werden, wenn sie erfolgreich sind und das ständig beweisen. Wenn die Kinder dann einmal scheitern, fühlen sie sich wertlos – das macht sie emotional sehr verwundbar«, wird Brummelman in der *WELT* zitiert.[7]

Aber Leben ohne Feedback ist auch nicht schön. Wir zumindest finden es klasse, wenn uns jemand sagt, dass ihm zum Beispiel unsere Bücher geholfen haben. Falsches Lob schwächt, richtiges Lob macht resilient und lebensfähig. Wie loben wir also so, dass unsere Kinder etwas davon haben?

So geht's richtig! Brummelman weist darauf hin, dass es schlauer ist, die Bemühungen zu loben als die Persönlichkeit. Also statt: »Du bist ein toller Künstler«, zu sagen: »Du hast ein schönes Bild gemalt.« Damit stimmen wir überein, gehen aber aus jahrelanger Erfahrung noch ein Stück weiter. Gutes Lob zeichnet sich durch drei Dinge aus: Es ist konkret, persönlich und direkt.

Was heißt das? Je konkreter und persönlicher ein Lob ist, desto mehr lässt sich damit anfangen. »Ist das aber ein schönes Bild! Ich wette, hier an diesen feinen Ästen des Baumes hast du echt lange gesessen.« Das ist schon sehr konkret. Es zeigt, dass man wahrnimmt, wie viel Mühe das Kind in das Bild gesteckt hat. Aber es geht noch persönlicher, nämlich indem man nicht pauschal sagt: »Das ist ein schönes Bild«, sondern: »Das Bild gefällt mir richtig gut, ich kann sehr gut erkennen, was das sein soll, daran hast du aber lange gemalt!« So ein Lob stärkt und verbindet.

Das geht natürlich auch auf anderen Ebenen. Nehmen wir das Beispiel von oben: »Sei ein guter Junge und gib deiner Schwester das Spielzeug … so ist brav!« Wie geht das besser?

Erst einmal lassen wir die Pauschalisierung sein. Was, bitte, ist ein »guter Junge«? Alle Eltern lieben ihre Kinder, ganz egal, was diese ausfressen. Als Nächstes verabschieden wir uns von der Forderung, dass der Junge sein Spielzeug abgeben soll. Es ist seines, es ist ihm gerade wichtig, und ihm ist wichtig, dass er mit diesem Bedürfnis gesehen wird. Denn geht es bei dieser Forderung nicht um etwas ganz anderes? Die eigentliche Aussage dahinter könnte sein: Ich will keinen Streit.

Wie wäre es stattdessen hiermit? »Ich habe mich unglaublich gefreut, dass das heute Morgen so friedlich geklappt hat, als du mit deiner kleinen Schwester gespielt hast, während ich gearbeitet habe. Danke.«

phasen erkennen

Es gibt Tage, da können wir machen, was wir wollen – die Kinder sind schlecht drauf. Die Geschwister streiten. Die Großen reden nicht, die Kleinen weinen bei jeder Gelegenheit. Unser Angebot für solche Tage ist: Nehmt es hin. Manchmal ist das Leben einfach so. Es liegt nicht an uns. Da ist nichts zu machen. Manchmal dauert es einen Tag, manchmal vier Tage. Aber wenn wir kein Öl ins Feuer gießen, ist es bald wieder vorbei!

Wir Eltern müssen lernen, den Machbarkeitswahn der Gesellschaft nicht auf unser Familienleben zu übertragen. Egal wie viele gute Bücher wir gelesen haben, wir können es nicht perfekt machen. Wir können nicht dafür sorgen, dass immer alle glücklich sind. Es wird nicht gehen, und das muss es auch nicht.

Das Leben besteht aus Kreisläufen, aus Wachstum, aus Konflikten, aus Schwellenerfahrungen, aus Schaukelbewegungen. In unserer Philosophie gehen wir davon aus, dass Prozesse linear verlaufen – man fängt an, man macht es gut, am Ende ist der Kuchen fertig und lecker. Aber Menschen funktionieren so nicht. Menschen wachsen – und machen Rückschritte. Wir entwickeln uns – und fallen zurück. Wir machen es gut – und machen die alten Fehler. Und das ist okay. Wenn wir Phasen erkennen und dann auch mal loslassen können, wird alles viel leichter.

Besonders wenn Kinder ins Schulalter kommen, passiert viel im

Gehirn. Der Übergang vom fünften bis ins siebte Jahr ist eine große Umstellung – auch wenn Kinder nicht in die Schule gehen, verändern sie sich in diesem Zeitraum stark. Viele Völker markieren das mit Festen, Ritualen oder eben dem Schuleintritt. Es hilft sehr, dass uns bewusst ist, dass die Kinder jetzt vielleicht empfindlicher, ruhiger, wilder oder unsicherer werden – je nach ihrem Temperament. Wenn wir uns diese Phasen bewusst machen, ist es viel leichter, mit ihnen umzugehen. Und vielleicht können wir sogar den geplanten Umzug noch ein wenig zu verschieben, weil es nächstes Jahr für alle einfacher sein wird.

So geht's!

- Machen wir uns die Phasen im Kinderleben bewusst.
- Schauen wir die Kinder an und fragen uns: Was passiert gerade bei dir?
- Atmen wir tief durch und machen uns klar: Dieses Kind verhält sich gerade jetzt so, das heißt aber nicht, dass es für immer so (empfindlich, aufbrausend, träumerisch) sein wird.
- Setzen wir die Prozesse in Perspektive: Das Kind hat zwanzig Jahre, um sein Gehirn voll auszubilden, dann wird es damit achtzig Jahre lang leben müssen – wir können es gut begleiten.

wolfnapping

Der kanadische Schriftsteller und Naturliebhaber Farley Mowat, der lange mit wilden Wölfen gelebt hat, beschreibt in seinem Buch *Ein Sommer mit Wölfen*, wie er zunächst aus der Ferne »sein« Wolfsrudel beobachtete und immerzu Angst hatte, er würde etwas verpassen. Es war in den 1960er-Jahren, die Webcam war noch nicht erfunden, und ihm schien es, als fänden immer dann die spannendsten Interaktionen bei den Wölfen statt, wenn er in seinem Zelt schlief. Schließlich ging er dazu über, das zu tun, was er bei den Wölfen sah: über den Tag verteilt in sehr kurzen Etappen zu schlafen.

Nun mögen wir beide durchaus unseren Nachtschlaf sehr gern, dennoch hat sich auch für uns der Kurzschlaf am Tag bewährt. Fünf Minuten mittags oder nachmittags die Augen schließen kann einen für den ganzen Tag auftanken.

JULIA: Ich muss bloß aufpassen, dass es bei fünf Minuten bleibt.

NICOLA: Ich bin da gnadenlos. Ich lege mich überall auf den Boden, weil ich persönlich mich am Boden am besten entspannen kann. Ich stelle den Wecker im Handy oder bitte jemanden, mich abzuholen. Mir helfen wirklich fünf Minuten so sehr, dass ich auf Instagram den Hashtag #5Minartgerechtliegen ausgerufen habe, und viele andere Eltern sind davon inspiriert, posten es auch. So erinnern wir uns immer gegenseitig wieder daran. Und meine Kinder sind sieben und zehn – ich habe keine Babys mehr im Haus. Trotzdem bewirken fünf Minuten Liegen wahre Wunder für ein friedliches Abendessen mit einer entspannten Mama.

Warum wir das erwähnen, wenn es doch in diesem Buch um entspanntes Loslassen geht? Nun, weil wir entspanntere Eltern sind, wenn unsere Akkus voll sind und wir nicht auf Reserve laufen. Ausgeschlafen sieht man viel klarer, kann Gefahren realistischer einschätzen und ist insgesamt zufriedener.

Überhaupt: Schlafen

Wo wir gerade beim Schlafen sind: Schlafen ist äußerst wichtig, weil unser überdrehtes Hirn zwischendurch Pausen braucht. Und jetzt, wo die Kinder ein bisschen größer sind, kann man auch mal schlafen, ohne dass sie kaputtgehen.

Wenn wir nicht schlafen, kann unser Gehirn die Stoffwechselabbauprodukte des Tages nicht ausschwemmen. Wir können unsere Erinnerungen nicht abspeichern, tun uns ganz allgemein schwerer, Neues zu lernen, und vor allem aber auch – und das finden wir hier am wichtigsten – neues Verhalten zu lernen. Ohne ausreichend Schlaf kommt es zu:

- Konzentrationsstörungen
- Erschöpfungszuständen
- Niedergeschlagenheit
- Aggressionen

Wenn wir nicht genug schlafen, geraten wir außerdem schneller unter Stress. Und das heißt: Wir sehen die Kinder negativer, als sie sind, wir sehen die Welt negativer, als sie ist, unser Verstand tut sich schwerer damit, Neues zu lernen, zu planen und sich positive Ziele zu setzen, der Hippocampus, also unser Kurzzeitgedächtnis, funktioniert nicht mehr so gut und die Stress-Müdigkeitsspirale dreht sich nach unten.

Das sieht dann ungefähr so aus: Wir verlegen unseren Autoschlüssel und finden ihn nicht, wir haben das Gefühl, dass in dieser Wohnung nie irgendetwas an seinem Platz ist und dass garantiert wieder eines der Kinder den Schlüssel versteckt hat, und so kommen wir niemals pünktlich beim Schwimmen an und dann haben wir keine Zeit mehr einzukaufen und das Essen wird spät, und heute Abend schreit der Kleine, weil er hungrig und müde ist, und ich soll dann noch Abendessen kochen?!

Schlafen ist wichtig. Schlaft! Schlaf hat Priorität – das sagen wir schon seit unseren ersten Windelfrei-Workshops. Auch wenn die Kinder groß sind, brauchen sie uns noch fit und leistungsfähig. Auch ein siebenjähriges Kind kann einen riesigen Haufen Fragen am Tag stellen – es ist wichtig, dass wir das aushalten können. Also schlafen wir, wann wir können. Wir versprechen euch, denn wir wissen aus eigener Erfahrung: Facebook läuft nicht weg. Die Wäsche auch nicht.

So geht's!

- Die Kinder ins Bett bringen und beim Vorlesen einschlafen. Liegen bleiben. Wahlweise auf dem Sofa einschlafen, während der Partner oder die Partnerin die Kinder ins Bett bringt. Netflix aus. Facebook aus.
- Mittagsschlaf für alle. Fünf Minuten hinlegen und nichts tun. In Stresssituationen erst mal kurz hinsetzen. Im Idealfall findet ihr eine feine, saubere, geschützte Wiese, wo die Sonne scheint und die Vögel zwitschern. Aber es geht auch im Büro zwischen Schreibtischstühlen oder mitten im Seminarraum zwischen krabbelnden Kleinkindern. Wir haben alles ausprobiert. Und dann ganz einfach: hinlegen. Augen zumachen. Atmen. Hirn runterfahren.

WILD WORLD

Wir haben darüber gesprochen, wie Kinder stark und widerstandsfähig werden, sodass wir sie gut in die Welt entlassen können. Wir haben auch darüber gesprochen, welche Möglichkeiten es für uns Eltern gibt, bei uns selbst Freiheit und Kraft zu kultivieren.

Lasst uns nun darüber reden, was in der Welt so los ist. Wir haben *Peak Everything*, wie Nachhaltigkeitsautor Richard Heinberg bereits 2007 schrieb:[1] Uns gehen die Vorräte aus. Und zwar alle. Kohle, Eisen, Agrarland, Phosphor, Sand, seltene Erden, Trinkwasser ... Gleichzeitig schmilzt die Antarktis ungeahnt schnell ab, der Meeresspiegel steigt, und wir befinden uns immer noch auf der beängstigendsten Kurve aller Klimavoraussagen. Menschen fliehen vor Kriegen, vor Dürre und vor Diktatoren, und die Trumps, Erdogans und Putins dieser Welt sägen am Ast unserer Zivilgesellschaft und etablieren eine Kultur der Angst sowie das Gefühl, dass nicht genug für alle da sei. Untergangsstimmung.

JULIA: Wenn wir hier überdurchschnittlich hohes Hochwasser haben, werden die Tiere unruhig. Sie werden weinerlich und wollen immer nach oben, oder besser noch raus und weg, selbst wenn direkt bei uns zu Hause überhaupt gar nichts von dem Hochwasser ankommt. Ich habe manchmal das Gefühl, dass wir Menschen irgendwo ganz tief in uns drin auch dieses Säugetierempfinden für drohende Not haben. Dass wir trotz unserer bequemen Häuser und unserer gefüllten Läden irgendwie spüren, dass unser Lebensraum und unsere Ressourcen global gerade knapp werden und das Überleben der Spezies davon abhängt, was wir jetzt tun. Und deswegen werden wir nervös und gibt es gefühlt so viel Chaos ringsum. Mich würde interessieren, ob sich mal ein Wissenschaftler damit en détail beschäftigt hat. Zumindest gibt es eine neue Studie, die ansteigende Temperaturen mit einer höheren Zahl seelischer Krankheiten in Verbindung bringt.[2]

In diese Welt sollen wir unsere Kinder entlassen? Für diese Überlegung ist es, wenn ihr dieses Buch lest, wahrscheinlich sowieso ein wenig zu spät. Und das ist gut so. Denn ja! Die Welt braucht Kinder, die liebevoll und respektvoll aufwachsen, mehr denn je. Sie braucht Menschen, die resilient und stark und kreativ sind. Sie braucht die Lauten, die sich starkmachen, und die Leisen, die im Verborgenen lieben.

Wo sollte sonst ein Felix Finkbeiner herkommen, der Millionen von Bäumen pflanzt, oder ein Boyan Slat, der Plastik aus dem Meer holt, oder eine Malala Yousafzai, die sich für die Rechte anderer Mädchen einsetzt? Oder eine Greta Thunberg, die Tausende Jugendliche animiert, für das Klima die Schule zu bestreiken? Wer soll sich sonst vor der ganzen Schule hinstellen und sagen: »Hört mal auf mit diesen dummen Sprüchen. Ich bin ein Feminist«, wie der fünfzehnjährige Sam aus unserem Bekanntenkreis, und wer soll krebskranken Kindern Haare für Perücken spenden wie der zwölfjährige Adrian?[3]

Es gibt so unglaublich viele junge und alte Menschen auf dieser Welt, die, wie wir in *Slow Family* geschrieben haben, ein Teil des Immunsystems der Erde sind. Sich das vor Augen zu halten, hilft in Zeiten, in denen alles zu viel zu werden scheint.

»Viele einzelne Menschen« ist ein gutes Stichwort. Wir wissen, es sind nicht alle nett. Aber wirklich viele! Und auch im Kleinen ist die Welt eigentlich voller netter Menschen. Und da, wo die Welt alles andere als nett ist – da können wir eine Menge tun.

Was wir brauchen? Wir müssen aufstehen und sagen: Die Kinder sind okay! Wir Eltern sind okay! Die Kinder können das, wir Eltern auch, und verflixt, die Welt ist gar nicht so schlecht wie ihr Ruf! Wir können sie verändern. Jetzt. Gemeinsam. Hier.

Aber wir werden sie nicht verändern, wenn wir im Rahmen des hochgerühmten Cocoonings in unseren Wohnzimmern bleiben und uns nur noch darüber informieren, »wie du dein Zuhause so richtig gemütlich machst!«[4], und unser Heim durch Kissen, Kerzen und kuschelige Decken »aufpeppen«. So schön die Bilder von Obstmandalas, selbst gebackenen Kürbis-Muffins und hübsch arrangierten Vintage-Küchenutensilien auch sind, wir dürfen die Welt da draußen nicht »den anderen« überlassen.

»Social Cocooning kann als eine Antwort, eine Reaktion auf diese sich im Wandel befindende politische und ökonomische Weltsituation betrachtet werden«, schreibt Anja Kirig vom Think-Tank Zukunftsinstitut.[5] Ist das klug?

Heißt raus aus der »Welt« nicht auch raus aus der Zivilgesellschaft? Und wer genau soll dann diese Zivilgesellschaft gestalten, verändern, prägen? Wenn wir wollen, dass die Welt »gut« ist zu unseren Kindern, dann ist der erste Schritt, sie sich erst mal ernsthaft und mit offenem Herzen anzusehen, und der zweite Schritt ist: Wir müssen uns einmischen.

die welt nach hause einladen

JULIA: Die Kinder legen sich beim Abendessen Gurkenscheiben auf die Augen und lachen sich schlapp. Ogórek, lernt mein Sohn an diesem Abend, heißt auf Polnisch Gurke. Und mehrere davon sind ogórki. Unsere Gäste sind zwei Mädchen, etwas jünger als mein Sohn, und ihre Mutter. Sie sind auf der Heimreise nach Polen und bleiben zwei Tage bei uns. Wir sind heute noch auf Facebook befreundet, aber ich glaube kaum, dass die Kinder sich wiedererkennen würden. Was sie jedoch behalten haben, alle, ist die Erinnerung an den Spaß, den sie miteinander hatten.

Oder die Familie aus Kanada mit den beiden Söhnen. Wir sind mit ihnen bei uns am Deich entlanggestromert und auf die wilden alten Weiden geklettert.

Oder Siraphon, die Rad fahrende Dame aus Thailand, die meine Freundin geworden ist und immer bei uns Station macht, wenn sie »in der Stadt« ist. Sie fährt seit Jahren mit dem Rad um die Welt und hat mich zu meiner Rad-Lesereise 2019 inspiriert.

Was diese Menschen gemeinsam haben: Julia hat sie im Rahmen von »Couchsurfing« kennengelernt. Für diejenigen von euch, die damit noch keine Berührung hatten: Couchsurfing ist eine Art zu reisen, bei der es nicht darauf ankommt, ein möglichst feines Hotelzimmer zu haben, sondern eher, Land und Leute kennenzulernen. So wie es beim *artgerecht*-Projekt heißt: »Wir verändern die Welt, Baby für Baby«, so hat sich Couchsurfing.org lange den Slogan »One couch at a time« auf die Fahnen geschrieben. Es geht darum, Verständnis für fremde Kulturen auf- und Vorurteile abzubauen, inspirierende Menschen kennenzulernen und den eigenen Horizont zu erweitern.

»Nette Idee«, sagen viele, die zum ersten Mal davon hören. »Aber geht das auch mit der Familie?« Unsere Erfahrung ist: richtig, richtig gut, sowohl als Gastgeber als auch als Reisende. Gerade mit Kindern zwischen sechs und zwölf gibt es unglaublich viele andere Familien, die diese günstige und weltoffene Art des Reisens mögen.

Als Couchsurfing-Gastgeber kann man die große Welt zu sich einladen, auch wenn man selbst vielleicht gerade keine Möglichkeit hat, sie zu besuchen. Und wenn man als Couchsurfer selbst reist, bekommt man von den Einheimischen vielleicht solche wundervollen Geheimtipps wie die heiße Quelle direkt an einem eisigen Gebirgsbach, wo Julia mit ihrem Sohn auf einer Reise gebadet hat.

→ **So geht's!** Auf Couchsurfing.org gibt es verschiedenste Interessengruppen, wo sich ähnlich tickende Menschen vernetzen können, um zum Beispiel zu schreiben: »Meine Familie und ich wollen im nächsten Frühjahr nach Norwegen, wer hätte Lust, unser Gastgeber zu sein?« Ein Unterforum ist beispielsweise Family Couchsurfing, wo sich gezielt Familien verabreden können. Doch diese Beschränkung auf »ähnliches Alter, ähnliche Interessen, ähnliche Familienstruktur« muss gar nicht sein. Die Erfahrung vieler Reisender und Gastgeber mit Kindern zeigt, dass es für die Kinder durchaus auch interessant ist, sich mit Erwachsenen zu unterhalten und dabei vielleicht fremde Sprachen auszuprobieren.

die welt entdecken

> Wenn die Neugier sich auf ernsthafte Dinge richtet, dann nennt man sie Wissensdrang.
> Marie von Ebner-Eschenbach

JULIA: Allmählich wird es dunkel. Mein zehnjähriger Sohn und ich sind an der Westküste der USA unterwegs, wo ich Interviews für einen Dokumentarfilm mache. Wir sind irgendwo auf dem Highway One südlich von San Francisco, und wir wissen noch nicht, wo wir schlafen werden. Das hört sich nicht sehr dramatisch an, aber für mich war es das in dem Moment tatsächlich. Ich war unglaublich müde, das Kind war unglaublich hungrig, und keiner von uns konnte mehr sitzen und die schöne Landschaft angucken. Das viel beschriebene Wildcampen an der Straße ging genau in diesem Abschnitt nicht. Also fuhren wir weiter, während es um uns herum immer dunkler wurde. Zum Glück dauerte es dann nicht mehr sehr lange, bis wir einen Campingplatz mitten im Wald fanden.

Um zum Laden des Campingplatzes zu kommen, mussten wir in tiefster Dunkelheit an der Straße entlanggehen. Was für ein Abenteuer! Wir waren im Land der Bären und Wölfe, und hatte es da nicht gerade in den Bäumen geknackt?

Wir blieben drei Tage auf diesem zufällig entdeckten Campingplatz, weil es so schön war. Man konnte von einem vier Meter hohen Felsen direkt in einen Gebirgsfluss springen. Und man konnte Lagerfeuer machen. Und mit Autoreifen den Fluss runtertreiben.

Einige Tage später entdeckten wir ebenso zufällig und vollkommen ungeplant einen schneebedeckten Gipfel, auf den wir mit dünnen Sommersachen kletterten.

Die Welt ist groß und bunt und voller Abenteuer. Das ist das, was unsere Kinder beim Reisen lernen können, sei es beim Zelten in Mecklenburg-Vorpommern oder beim Wandern in den Alpen oder ganz woanders. Denn die Welt ist auch bunt und voller Abenteuer direkt um die Ecke. Direkt vor der Haustür. Es ist erstaunlich, was man über Nachbarn erfährt, in Hinterhöfen findet und in der eigenen Stadt oder Ortschaft entdecken kann, wenn man hinschaut. Auch wenn wir weder Zeit noch Geld haben, können wir an fast allen Orten etwas finden – alte Gebäude, Initiativen von klugen Leuten, Wetter, Tiere – eben Abenteuer. Wir müssen nicht nach Thailand, der Stadtführer kann völlig ausreichen.

So geht's! Den Geist weit machen und das Abenteuer suchen. Spontaneität und Flexibilität dazu – perfekt!

der wald vor der haustür

Kein Buch von uns, in dem es nicht raus in die Natur geht. Nichts ist wichtiger als der Wald und das Wasser, wirklich. Alle Studien weisen darauf hin, alle Forscher schreiben es immer und immer wieder, dass die Verbindung zur Natur zum Allerwichtigsten gehört, was wir unseren Kindern mitgeben können. Und es fängt mit den Brennnesseln vor der Haustür an (die kann man nämlich essen!).

Gleichzeitig gibt eine Studie Hinweise, dass sich ein wachsender Graben auftut zwischen der zunehmenden Bedeutung, die die Menschen der Natur geben, und den Kenntnissen, die sie tatsächlich über sie haben. Zum Beispiel Baumkunde: Wer erkennt die Blätter von Kastanien, Eichen, Ahorn und Linde? Keine schwere Aufgabe, sollte man meinen. Doch von den unter Dreißigjährigen kannte in der Studie nur rund jeder zweite Befragte alle vier Bäume.[6]

JULIA: Klingt nach Katastrophe. Ich weiß, dass mein Sohn all diese Bäume gekannt hätte, hätte ich ihn gefragt, als wir noch gemeinsam durch den Wald streiften. Keine Ahnung, ob er das immer noch kann. Aber er kann ein Zelt im Schnee aufbauen, und er kann ein Feuer machen, selbst wenn das Holz feucht ist. Er kann Flüsse überqueren. Ich würde ihm mein Leben in der Wildnis anvertrauen, ganz egal, ob er Lindenblätter erkennt oder nicht.

Auch wir denken, dass im Großen und Ganzen wesentlich mehr Naturnähe angesagt wäre. Aber wir glauben auch, dass sie sich nicht unbedingt darin ausdrücken muss, verschiedene Bäume zu kennen. Nicht, wenn man sechs oder zehn oder zwölf Jahre alt ist – auch wenn dieser Sechs- oder Zwölfjährige durchaus ein Adidas- oder McDonald's-Logo erkennt.

NICOLA: Wir waren mal in Köln und haben einen Hund gefunden, den jemand vor einem Laden vergessen hatte. Irgendwie hatten wir den Besitzer ausfindig gemacht, jemand hatte ihn angerufen, und wir hatten beschlossen, noch vor dem Laden bei dem wirklich süßen kleinen Hund zu warten, bis er abgeholt wurde. Leider war es Herbst, und es war echt kalt. Meine Tochter, sechs, war müde und wollte auf dem Boden sitzen. Da sprang mein neunjähriger Sohn auf und suchte sich eine alte Plastiktüte. »Was in aller Welt willst du mit dem Dreckding?«, wollte ich gerade sagen, als die Kinder anfingen, die Tüte mit den herumliegenden Ahornblättern vollzustopfen. Nach wenigen Minuten hatten sie ein dicht gepacktes, super isolierendes Sitzkissen für beide Kinder und saßen gemütlich darauf, bis das Hündchen abgeholt wurde. Da verstand ich: Auch das ist Naturverbindung. Auch das ist Selbstwirksamkeit.

Eine Fülle von Studien bestätigt – und die meisten Stadtmenschen wissen es bereits –: Der Aktionsradius der gegenwärtigen Kindergeneration verlagert sich zunehmend auf das Hausinnere. Das Gebiet, in dem sie auf eigene Faust umherstreifen dürfen, hat sich in drei Jahrzehnten so drastisch verkleinert, als lauerten Heckenschützen hinter jedem Müllcontainer. Vor allem kommen Kinder immer seltener in Kontakt mit der Natur.[7]

NICOLA: Mir hat mal jemand erzählt, dass er sich mit einem Menschen aus einem völlig anderen Kulturkreis unterhielt und der fragte: »Was sind eure wichtigsten Heilpflanzen im Wald? Mit welchem Baum kann man das beste Feuer machen und welcher ist gut zum Schnitzen? Welche Tiere kann man mit Fallen fangen? Welche Kräuter kann man bei euch essen und welche sind giftig?« Und da fiel ihm auf, dass er alle Bundestagspräsidenten seit dem Zweiten Weltkrieg hätte aufsagen können, aber diese einfachen, grundlegenden Fragen nicht beantworten konnte.

Daher empfehlen wir: Wenn eure Kinder aus der Regenwurm-Matsch-Phase raus sind, gebt ihnen die Infos, die sie auch in einem Naturvolk bekommen würden. Dabei geht es nicht darum, den lateinischen Namen jedes Baumes zu kennen. Sondern zu wissen, wie ich bekomme, was ich brauche.

So geht's!

Bringen wir den großen Kindern bei, was sie draußen sicher macht. Kinder lieben es, Informationen zu bekommen, die man »benutzen« kann. Findet zum Beispiel zusammen heraus:

- Was im Wald sichert unser Überleben? Wie baut man aus Waldmaterial eine Schutzhütte? Mit welchen essbaren Pflanzen kannst du drei Tage im Wald gut überleben?
- Wie findet man Wasser?
- Wie macht man ein schnelles Notfall-Feuer?
- Wie setzt man Signale, wenn man verloren geht?
- Wie orientiert man sich ohne Kompass?
- Wie können wir das Material, was wir hier gerade vorfinden, benutzen, um uns zu helfen?

Jede Pfadfindergruppe oder Wildnis-Schule kann euch dabei behilflich sein.

mit der welt umgehen

Was tun, wenn der Terror an die Tür klopft? Die Terroranschläge überall in der Welt sind schon für uns als Erwachsene schwer auszuhalten. Wie können wir nach den Bildern der Nachrichten schlafen? Manchmal gar nicht. Manchmal nur mit Verdrängung. Vielleicht stumpfen wir ab. Aber was tun wir, wenn die Sechsjährige die Tageszeitung in der Hand hat, auf das Titelbild zeigt und fragt: »Mama, was machen die da?«

JULIA: Ich war vielleicht sieben oder acht Jahre alt, und meine Eltern waren nur kurz spazieren gegangen. Mein Bruder und ich waren also allein zu Hause, als der Probealarm losging. Ich hatte gerade angefangen zu verstehen, dass es irgendwann einmal Krieg gegeben hatte und dass wir am »Zonenrand« wohnten. Ich weiß noch wie heute, dass ich wirklich Angst hatte und überlegt habe, wie ich meinen kleinen Bruder in Sicherheit bringe, wenn der Krieg wiederkommt.

Kinder haben noch keine Vorstellung von der Bedeutsamkeit – oder eben Unbedeutsamkeit – »großer« Informationen. Krieg ist schlimm, da sterben Menschen, und die Sirene bedeutet Krieg. Kinder können das nicht abstrahieren. Ebenso wenig können sie abstrahieren, wenn wir ihnen sagen, dass der Meeresspiegel steigt oder die Wüsten sich ausdehnen oder zu viel Plastik im Meer herumschwimmt. Deswegen müssen wir mit solchen Nachrichten behutsam umgehen.

Und vor allem ist es sinnvoll, ihnen erst einmal »die große Mutter« Natur nahezubringen, ohne gleich das Thema »schützenswert« in den Vordergrund zu rücken. Wie können sie die Natur lieben, ohne sie zu kennen, weil überall »nicht betreten, Umweltschutz«

draufsteht? Wie können sie dort Zuflucht finden, wenn sie sie als schwach und schützenswert kennenlernen? Uns ist es deswegen wichtig, zunächst einmal die Liebe zu unserem Planeten wachsen zu lassen. Alles andere kommt dann später.

Nicola las einmal in einer Ausgabe des *Mothering Magazine* einen Artikel: »How to nurture a nature lover« – wie man kleine Naturliebhaber bestärkt. Die Autorin sprach sich nach Erfahrungen in New York dafür aus, Kinder auf keinen Fall mit Roten Listen und aussterbenden Tieren zu bombardieren, weil sie dadurch viel zu früh ein Gefühl von Machtlosigkeit und »es ist sowieso zu spät« bekämen. Das Gleiche gilt für bedrückende Vorkommnisse in der Welt. Lieber sollten wir den Kindern eine Verbindung, eine Liebe zur Natur und zur Welt ermöglichen. Warum? Damit sie sich dann später, wenn sie groß genug dafür sind, für sie einsetzen können. Uns leuchtet das ein – wir konfrontieren ja auch keine Sechsjährige mit den Schwierigkeiten unserer Beziehung.

Warum ist das so wichtig? In ihrem Artikel »Talking to our Children about World Tragedies« schreibt die Psychologin Tamara Brennan, warum auch sie dafür plädiert, Kinder erst langsam an die »großen Nachrichten« heranzuführen:[8]

- Erlebnisse in der frühen Kindheit bestimmen, wie sich das Nervensystem der Kinder entwickelt – hier bildet sich die Grundstimmung (*Baseline mood*) für den Rest ihres Lebens.
- Mit einem Gefühl der Sicherheit aufzuwachsen hilft Kindern, eine bessere Grundstimmung zu entwickeln.
- So können sie ihr Leben besser gestalten.
- Sie werden stärker, selbstwirksamer, mutiger – und können so später mehr erreichen.

Brennan sagt, Siebenjährige haben ähnliche Gehirnströme wie Menschen, die jahrelang meditieren – in der Rückschau ein Gefühl der »Unschuld«. Sie argumentiert, dass wir die Kinder besser nicht mit Schreckensnachrichten aus diesem »Land der Seligen« reißen, bevor ihr Gehirn ausgereift ist. Denn mit dem »in Ruhe« ausgereiften Gehirn können sie die Probleme, die wir ihnen hinterlassen, viel besser lösen.

NICOLA: Eine Kindheit in einem Gefühl der Sicherheit heißt nicht, die Kinder in Unwissenheit zu lassen. Mein siebenjähriger Sohn weiß mehr über das Ökosystem direkt vor unserer Tür, hinter unserem Haus und in unserem Wald als die meisten Erwachsenen, die ich kenne. Wenn dieses Ökosystem Probleme bekommt, wird er vorbereitet sein. Er weiß viel über Kommunikation und Konfliktlösung, über Integration und das Zusammenleben unterschiedlicher Kulturen – einfach weil wir viele Freunde überall auf der Welt, Muslime und Christen, Buddhisten und Esoteriker um uns herum haben und oft darüber reden, dass jeder etwas anderes glauben darf. Mein Kind ist informiert. Aber ich werde ihm nicht die Details von jedem Anschlag, jedem Mist Donald Trumps oder den Slums in Südamerika erzählen. Ich sage nicht mehr als: Da hat jemand die Kontrolle verloren, aber die Erwachsenen regeln das. Genauso wie ich beim Einsturz des Daches sagen würde: Keine Angst, mein Kind, das Dach ist kaputt, aber ich regele das.

Kinder brauchen das Gefühl, dass wir Erwachsenen uns kümmern. Wir können ihnen ruhig zumuten zu sagen: Ja, es ist gerade ziemlich knifflig mit dem Klima. Aber genauso, wie ich der Ansicht bin, dass wir es vor dem Regen noch bis zur Berghütte schaffen werden oder das Problem anders lösen, bin ich auch dafür verantwortlich, dem Kind ganz klar das Gefühl zu geben: Wir regeln das. Es ist nicht dein Job. Dein Job ist es, Kind zu sein.

Unsere Kinder wissen, dass Tiere aussterben und wir gerade am Klima arbeiten. Aber sie werden nicht ihre Kindheit damit verbringen, vor Hungersnöten, sich aufheizenden Planeten und schießenden Terroristen Angst zu haben, sich zu schämen, sich schuldig zu fühlen. Angst entsteht, wenn wir nichts gegen eine Gefahr tun können. Also ermächtigen wir die Kinder erst, stärken sie, zeigen ihnen, wie man etwas tut – und erst wenn sie alt genug sind, konfrontieren wir sie mit dem ganzen Ausmaß der Probleme, beziehungsweise sie tun das selbst, denn irgendwann sind wir nicht mehr ihre hauptsächlichen Informationsquellen und -filter. Irgendwann bringen sie selbst diese Nachrichten ins Haus. Dann ist es an uns, da zu sein und mit ihnen zu reden.

Nur starke, mutige, sichere Kinder können aus ihrer Sorge um den Planeten schließlich Aktion und Selbstwirksamkeit entstehen lassen. Wenn sie schon von klein auf das Gefühl haben, mit überwältigenden, beängstigenden, für sie unlösbaren Problemen konfrontiert zu sein, und wenn wir ihnen vermitteln, dass wir Erwachsenen damit leider auch überfordert sind, dann steigt das Risiko, dass sie resignieren. Und sich am Ende in ein hübsch eingerichtetes Wohnzimmer mit auf den Teppich abgestimmten Kuscheldecken und Wandtattoos zurückziehen. Wenn die Kinder noch klein sind – und das sind sie im Grundschulalter –, dann läuft bei uns weder unkontrolliert das Radio mit Nachrichten, geschweige denn ein Fernseher.

So geht's!

Wenn die Kinder in Kontakt mit den erschreckenden Nachrichten der Welt kommen – und das werden sie und das ist auch okay –, dann reagieren wir entsprechend. Wir erklären es so, dass ein Kind es versteht. Wir sparen uns die grausamen Details. Und wir zeigen, wie wir jetzt und hier selbstwirksam etwas tun können.

Zum Beispiel: Oh ja, das ist ein Delfin mit Plastiktüten im Magen. Ja, er ist daran gestorben. Ja, die Vermüllung der Ozeane ist derzeit echt ein Problem. Ja, wir Erwachsenen kümmern uns darum, es gibt viele Initiativen zur Säuberung der Meere. Wir können uns auf YouTube das Ocean-Cleanup-Projekt ansehen, magst du?

Ja, das ist einer der Gründe, warum wir nachher wieder im verpackungsfreien Laden einkaufen und Plastik vermeiden.

Ja, ich bin sicher, es wird alles wieder gut werden, wir müssen nur dranbleiben!

konstruktiv werden

Ihr wisst schon aus *Slow Family*, dass wir uns nicht an Atomkraftwerke ketten, weil wir abends noch vorlesen müssen. Und vielleicht gehen wir nicht mal zum Hambacher Forst, wenn er geräumt wird – vor allem nicht mit den Kindern. Aber wenn die Party steigt, dass der Wald bleiben darf, dann nichts wie hin, dann sind wir dabei, wenn wir es möglich machen können!

Wir können und sollen weiterhin hundert Petitionen unterschreiben – das ist super, aber für Kinder sehr abstrakt. Daher plädieren wir für noch mehr gelebte Zivilcourage und Teilhabe. Was können wir konkret tun?

Bäume pflanzen und demonstrieren ist das eine. Selbstverständlich jeden Tag vorgelebte Alltagskultur ist das andere.

So geht's!

Zivilcourage im Alltag: Wir helfen der alten Dame über die Straße und rufen den Rettungswagen, wenn jemand orientierungslos über die Landstraße läuft oder betrunken in der Kälte an einer Bushaltestelle eingeschlafen ist. Das tun wir nicht, weil es pädagogisch wertvoll ist, sondern weil es zum Zusammenleben dazugehört.

Zivilcourage in der Wirtschaft: Wir entscheiden uns für die Bio-Kiste oder die solidarische Landwirtschaft. Das ist ein Faktor, der unserer Beobachtung nach oft vernachlässigt wird. Wir können entscheiden, wem wir unser Geld geben! Gerade, wenn die Kinder älter werden, verstehen sie das gut. »Warte, ich will eben nachsehen, wer dieses Produkt hergestellt hat«, »Lass uns schauen, ob es das auch plastikfrei gibt«.

Zivilcourage vor der Haustür: Wir sägen den großen Baum nicht ab, weil er zu viel »Dreck« macht, sondern lassen ihn stehen. Bäume machen nicht Dreck, sondern unseren Sauerstoff. Wenn sie unser WLAN-Zugang wären, würden wir sie auch trotz der vielen fallenden Blätter stehen lassen, oder? Wir setzen uns für das ein, was wir wichtig finden, sei es der Naturspielplatz in der Schule oder die Mitfahrerbank im Dorf – und wir lassen die Kinder ihre Projekte finden. Wir mögen die Unterstützung des Flüchtlingscafés wichtiger finden, aber wenn die Kinder das gesammelte Leergutgeld lieber dem Tierheim spenden wollen, dann stehen wir dem garantiert nicht im Weg …

Wir haben nun also geliebt und gekuschelt und geredet; gegeben, was wir zu geben hatten – und dann liebt der Sechzehnjährige die fiese Massentierhaltungs-Currywurst und die Zwölfjährige will Gelnägel. Wir haben ihnen den Wald und das Meer und die Berge gezeigt, und trotzdem stehen sie auf Musical.ly. Wir sind mit ihnen zur Flüchtlingshilfe gegangen und haben mit den türkischen Nachbarn Kuchen gebacken, und dann hat die beste Freundin nationalistisch denkende Eltern. Und jetzt?

In der Regel hilft es auch da, sich zu entspannen und zu vertrauen. Und vielleicht auch, sich eine Freundin mit älteren Kindern zu suchen, die nur schulterzuckend sagt: »In der Regel gehen diese Phasen recht schnell vorbei.«

JULIA: Ich bin in vielerlei Hinsicht eine Generation zu früh groß geworden, obwohl es dafür noch keine Worte gab und meine Mutter einfach tat, was ihr richtig vorkam. Bindungsorientiert, bedürfnisorientiert, auf Augenhöhe. Und eben auch mit dem ganzen Vollkornbrot und Gemüse und Dinkel und zuckerfrei. Und – wie das damals so war – mit einer Menge Wertung, was »gut« war und was nicht. Das führte dazu, dass ich mich immer als Außenseiter fühlte. Ich hätte echt gern mal ein Graubrot mit Mortadella in die Schule mitgenommen und nicht immer das Vollkornbrot mit Käse. Einfach, um dazuzugehören. Mein Bruder und ich taten aus dieser Erfahrung heraus unser Bestes, unsere kleinen Geschwister möglichst »cool« werden zu lassen. Ich sage jetzt nicht, ob es geklappt hat, aber was ich aus dieser Zeit gelernt habe, ist: Es ist nicht sehr hilfreich, die Welt in Gut und Böse einzuteilen.

Druck erzeugt Gegendruck, immer. Auch der Druck, »gut« sein zu müssen und »gute« Entscheidungen fällen zu müssen. Nicht jeder ist zum Felix Finkbeiner geboren, nicht jeder setzt sich für die Schwächeren ein – oder überhaupt irgendwie. Das muss auch nicht sein. Es ist nicht unser Job, unsere Kinder diesbezüglich in den Tritt zu bringen. Unser Job ist es, ihnen die *Möglichkeiten* dafür zu geben. Das bedeutet, ihnen durch Vorleben gewisse Grundeinstellungen auf den Weg zu geben, wie zum Beispiel: Respekt vor allem Leben, Altruismus, Menschenfreundlichkeit. Und natürlich gehören auch die Werkzeuge dazu: Problemlösungsstrategien, Wissen, Ausbildung.

Du willst, dass dein Kind sich um andere kümmert? Vielleicht reicht es schon, dass unsere Kinder lernen, auch unter Druck loyal zu ihren Freunden zu stehen, dass sie miterleben, wie wir unsererseits der alten Dame nebenan das Essen bringen oder uns im Dorf engagieren.

Du willst, dass dein Kind zum Bäumepflanzer wird? Unser Vorschlag: Fang selbst an. Leb es vor. Und überlass den Kindern, was und wie viel sie davon übernehmen wollen. Wie beim Essen: Wir kaufen ein, die Kinder entscheiden, wie viel sie davon essen. Wir leben vor und die Kinder entscheiden, was sie davon jetzt – oder viel später – übernehmen. Vertrauen wir auf das, was wir gegeben haben. Vertrauen wir auf all das Wundervolle, was wir jeden Tag in unseren Kindern sehen. Und vertrauen wir darauf, dass sie ihren ganz eigenen Weg gehen werden.

tappt nicht in diese fallen

Wir sind beinahe am Ende unserer Reise in die wilde Welt angekommen. Die meisten der Vorschläge, die wir über Jahre gesammelt und für euch in diesem Buch zusammengestellt haben, sind weniger »Rezept« als Geisteshaltung.

Julia hielt kürzlich einen Vortrag zum Thema *Slow Family* mit anschließender Podiumsdiskussion, und einer der Diskussionsteilnehmer merkte sehr richtig an, dass es in der Regel wenig hilft zu sagen: »Jetzt vertrau doch einfach« oder »Stress dich nicht«. Wir hoffen, dass im Laufe dieses Buches deutlich wurde, dass derartige Vorschriften uns absolut fernliegen. Wir versuchen lediglich, euch eine Grundeinstellung der Gelassenheit mit auf den Weg zu geben, Schritt für Schritt, Stück für Stück. Wir wissen, dass es nicht immer einfach ist, aber wir wissen auch, dass es sich lohnt, sich immer wieder zu bemühen. Und im Großen und Ganzen kann man nicht so viel falsch machen, solange man auf Augenhöhe und mit Ehrlichkeit und Offenheit miteinander umgeht.

Einige Fallen gibt es jedoch, die es sich zu vermeiden lohnt. Das Hinterhältige ist, dass diese sich als Liebe tarnen, obgleich sie für die Beziehung und das Selbstwertgefühl von Kindern schädlich sein können.

Falle 1: »Du bist großartig!«

Was soll daran schlecht sein, seinem Kind etwas so Nettes zu sagen?

JULIA: Ich kannte Aussagen dieser Art aus meiner Kindheit gar nicht. Was ich kannte, war: »Das Bild hast du großartig gemalt, das gefällt mir sehr gut.« Dann wurde ich erwachsen, zog in die wilde Welt hinaus, und mein damaliger Freund sagte zu mir: »Du bist toll.« Er meinte das liebevoll, aber mich irritierte es tatsächlich so, dass ich mich fast darüber ärgerte. »Wieso bin ich toll?«, wollte ich wissen. »Was meinst du?«

Diese Irritation haben wir inzwischen öfter bei Kindern und jungen Erwachsenen erlebt, die so eine Art von Lob nicht gewohnt sind. Doch woher stammt sie? Vielleicht spüren Kinder instinktiv, dass es sich um eine Pauschalaussage und nicht um ein konkretes Lob handelt. Es ist nichts, was sie sich »verdient« hätten, dem Gegenüber gefällt keine Leistung besonders gut, auf die sie vielleicht stolz sind.

»Schau mal, Papa, wie hoch ich den Ball schießen kann.« – »Du bist großartig, Kind.« Das passt nicht, und wenn wir die beiden Sätze isolieren, ist das den meisten Menschen sehr schnell klar. Viel hilfreicher sind Aussagen wie: »Wow, ich habe gesehen, wie hoch der Ball geflogen ist. Du hast auch wirklich lange geübt dafür, oder?«

Na ja, man kann es aber auch übertreiben, mag die eine oder andere jetzt denken. Muss man denn im Familienleben jedes Wort auf die Goldwaage legen? Nein, muss man nicht. Aber Pauschalurteile – auch vermeintlich positive – bergen drei ganz konkrete Gefahren:

Sie unterminieren die intrinsische Motivation, also den inneren Antrieb des Kindes, etwas zu erreichen um des Erreichens willen, weil es einfach Spaß macht, etwas zu erreichen, das man sich vorgenommen hat.

Damit Hand in Hand geht die Fähigkeit verloren, Widrigkeiten auszuhalten und Herausforderungen anzunehmen – nicht, weil man dafür belohnt wird, sondern weil es eben glücklich macht, etwas zu schaffen.

Sie können zu einer Geisteshaltung führen, die am treffendsten mit dem englischen Wort *entitlement* beschrieben wird. Das deutsche »Anspruchshaltung« trifft es nur beinahe. *Entitlement* bedeutet, selbstverständlich davon auszugehen, dass einem bestimmte Dinge einfach aufgrund dessen zustehen, dass man ja schließlich großartig ist.

Falle 2: »Das kannst du noch nicht, ich helfe dir schnell!«

Jetzt macht aber mal einen Punkt, denkt ihr jetzt vielleicht. Am einfachen Helfen ist ja nun wirklich nichts auszusetzen, oder?

NICOLA: Meine Tochter war fünf Jahre alt. Sie hatte sich überlegt, den Abendbrottisch zu decken, und wollte den Käse holen, der aber so hoch oben im Kühlschrank lag, dass sie nicht herankam. »Mama, ich komme nicht an den Käse ran.«

»Hier steht ein Stuhl.«

»Gute Idee«, sagte sie und hüpfte fröhlich los, um sich einen Stuhl zu holen und weiter ihrer selbst gewählten Aufgabe nachzugehen.

Es gibt zwei verschiedene Arten zu helfen; die eine ist nicht gleichzusetzen mit der anderen. Helfen, das die Grenzen achtet, findet nur auf Nachfrage statt, und es besteht nicht im einfachen Übernehmen der Aufgabe, sondern ist lösungsorientiert.

Selbst wenn es aus Elternperspektive einfach ein Fakt ist (die Zweijährige kann sich die Schuhe nicht allein zubinden), tut eine solche Aussage nicht gut: »Das kannst du noch nicht«. So etwas unterminiert die Persönlichkeit und führt im Extremfall zu erlernter Hilflosigkeit. Wenn ein Kind wieder und wieder davon abgehalten wird, Dinge auszuprobieren und zu üben (bis es sie dann eben doch kann), geht ihm die Selbstwirksamkeit verloren. Und das wollen wir nicht.

Wie es besser geht …

- Erst überlegen: Warum will ich eigentlich so dringend dazwischenfunken? Was ist mein eigener innerer Antrieb dafür? Angst? Ungeduld?
- Dann reden: »Da hast du dir was Großes vorgenommen.« – Kind (strahlt): »Ja.« – »Sag Bescheid, wenn du Hilfe willst.« – (Einige Zeit später) Kind: »Ich brauche Hilfe.« – »Okay. Was hast du bisher probiert? Hast du das hier schon versucht?«
- Hilfe, die dazu dient, dass das Kind selbst aktiv nach Lösungen suchen kann, ist prima.

Falle 3: »Das verstehst du noch nicht!«

Dieser Satz macht das Kind klein und hält es dumm. Natürlich verstehen Kinder manches nicht. Aber ist das schlimm? Dann kann man es erklären, und zwar ohne pseudolustige Neckereien, die das Kind verunsichern, ohne Ironie und ohne Besserwisserei. Zum Beispiel so:

Wenn man Zeit hat: »Was möchtest du wissen?« – Kind: »Wie die das geschafft haben, dass die Kinder in der Fernsehserie auf dem Regenbogen langgelaufen sind.« – Hui. Spannende Frage. »Was denkst du, wie sie das geschafft haben?«

Wenn man keine Zeit hat: »Oh, das ist spannend, aber ich habe gleich einen Termin und möchte pünktlich sein, und ich will das in Ruhe mit dir besprechen. Merk dir die Frage bis heute Abend, okay?«

Falle 4: »Das ist zu gefährlich für dich!«

Ein solches Verhalten engt künstlich ein und mindert den Explorationsdrang. Klar wollen Kinder manchmal echt gefährliche Sachen machen. Und sie tun manchmal auch echt gefährliche Sachen. Wir finden, es ist besser, wenn sie die mit uns tun, als wenn sie sie heimlich tun.

Besser: »Ups. Ich finde diese Säge ganz schön groß. Ich möchte gern dabei sein, wenn du damit arbeitest.« – »Ich kann das allein!« – »Ja, ich höre dich. Ich fühle mich besser, wenn ich dabei bin und notfalls beim Festhalten helfen kann. Lass es uns gemeinsam tun.«

»Gemeinsam« ist völlig anders als: »Ich tue es für dich«. Es stärkt unsere Beziehung, ohne einen von uns zum »Kleinen« zu machen, der »Hilfe« braucht. Grundsätzlich lohnt es sich zu wissen, dass Kinder je nach Situation, Temperament und Erwartung von außen unterschiedliche Kompetenzen entwickeln. Sie lernen das, was die Gesellschaft von ihnen erwartet.

Was unsere Erwartung mit Kindern macht

In weiten Teilen Afrikas zum Beispiel sind die Kinder motorisch sehr früh entwickelt – sie laufen schon mit neun oder zehn Monaten aufrecht, was Kinder in Europa mit zwölf oder vierzehn Monaten erst tun.[9] Aber mit sechs Jahren sind die Kinder geistig weit abgeschlagen hinter europäischen Kindern. Wie kommt das? Eine Erklärung dafür ist, dass die Fragen von Kindern in vielen Kulturen nicht beantwortet werden. Man erwartet, dass sie sich nützlich machen und ansonsten den Mund halten. »Kinder soll man sehen, aber nicht hören« – den Satz kennen wir auch aus Europa. Das ganze Gehirntraining, das unsere Vierjährigen hier und heute mit ihren vierhundert Fragen am Tag erhalten, bekommen die Kinder in solchen Kulturen nicht. Ohne hier in die Tiefe dieses Problems einzusteigen (Ernährung und materielle Ressourcen zum Beispiel können auch eine Rolle spielen), möchten wir festhalten:

Ein Verhalten, das Kinder mit ihren Fragen und Bedürfnissen ignoriert, hält sie dumm und inkompetent, erzieht ihnen ihre Neugierde ab und beschämt. Aber Menschen ohne Neugierde, ohne Kompetenz und ohne Selbstvertrauen – das ist das Letzte, was wir angesichts der globalen Katastrophe brauchen.

Wie wir den Mittelweg finden

Manchmal wollen Kinder etwas oder erleben etwas, das bei uns einen Knopf drückt. Wir kriegen Angst. Wir fühlen uns schrecklich. Es tut weh. Das kann daran liegen, dass es *wirklich* beängstigend ist, schrecklich und schmerzhaft. Es kann aber auch daran liegen, dass es nur *für uns* beängstigend, schrecklich und schmerzhaft ist – aber nicht für unsere Kinder. Bei uns wird ein Knopf gedrückt, eine alte Erfahrung aktiviert. Wir müssen lernen, uns zu fragen: Für wen ist es schlimm, unaushaltbar? Wenn das Kind Probleme mit Kindern in der Schule hat, können wir am dritten Tag nach der Einschulung Himmel und Hölle in Bewegung setzen. Oder wir können uns sagen: Mal sehen, wie sich das entwickelt. Und ganz ruhig abwarten.

Zugegeben: Es ist ein schmaler Grat zwischen zu *ent*spannt, zu *ver*spannt und genau richtig. Und wir müssen nicht immer richtigliegen. Aber wir sollten im Kontakt mit uns selbst und unseren Kindern bleiben. Ist das jetzt eventuell eher mein Thema? Kann ich die Angst nicht aushalten? Oder hat das Kind wirklich ein Problem, bei dem es Hilfe braucht? Oft können wir die Kinder einfach fragen: »Wenn die Jungs immer so Ärger machen, sollen wir etwas tun? Kann ich dir helfen?«

Das Gleiche gilt natürlich auch umgekehrt: Wir dürfen die Kinder nicht wahllos allein lassen und uns denken, dass Geschwister, Schulkameraden oder die Dorfclique jedes Problem ja ganz kompetent unter sich lösen werden. Sicher, sie werden jedes Problem lösen. Aber im Zweifelsfall setzt sich dann schlicht das Recht des Stärkeren durch, und das ist nicht das, was wir wollen.

Die Kinder mit allem allein zu lassen ist falsch. Den Kindern immer sofort das Messer aus der Hand zu reißen und die Wurst für sie zu schneiden, war schon bei unseren Kleinkindern nicht der richtige Weg und ist es jetzt auch nicht. Wir müssen also den Mittelweg finden. Das ist mit großen Kindern nur leider viel schwieriger als mit kleinen, weil die Probleme komplexer werden und sich oft in den sozialen Bereich verlagern. Und weil die Gefahren so viel größer scheinen und weil wir viel öfter an eigene Schmerzen erinnert werden.

Wir werden also nicht umhinkommen, uns mit unseren Themen zu beschäftigen: mit unseren Verletzungen, Erfahrungen und Lernprozessen. Nur dann können wir die Kinder im richtigen Moment beschützen und halten und sie im richtigen Moment loslassen.

RAISING GLOBAL CHILDREN

Alle sagten: Das geht nicht.
Dann kam einer, der wusste das nicht
und hat's einfach gemacht.

Postkartenweisheit

Unsere Kinder stehen einer Herausforderung gegenüber, die neu ist. Völlig neu. Und doch so alt wie die Welt.

Es ist die Herausforderung, dass die Welt, in der ihre Eltern noch lebten, nicht mehr da sein wird, wenn ihre eigenen Kinder geboren werden. Nachdem Klima und Lebensweisen lange Jahrhunderte relativ stabil waren, ist die Menschheit seit der industriellen Revolution einem Wandel unterworfen, der so massiv ist wie lange nicht mehr. Um genau zu sein: Die letzte Revolution dieser Art hat sich am Übergang vom Paläolithikum zum Neolithikum vor 8 000 bis 14 000 Jahren ereignet und heißt auch so: neolithische Revolution. Damals wurde der Großteil der Menschen sesshaft und ihr Leben veränderte sich radikal.

Veränderungen sind oft mit Schwellenerfahrungen, Transformationserfahrungen, Verlust und Schmerz verbunden. In einem Transformationsprozess zieht immer jemand aus ins Unbekannte, lässt Vertrautes und Liebgewonnenes zurück, verliert etwas. Aber es gibt auch etwas zu gewinnen – was das jedoch ist, ist ungewiss.

Unsere Kinder werden früher oder später in diesen Veränderungsprozess hineingezogen, und je älter sie werden, desto mehr werden sie sich dessen bewusst. Wir wissen nicht, ob es noch Regenwald gibt, wenn sie groß sind. Wir wissen nicht, ob es das Great Barrier Reef noch geben wird. Wir können unseren Kindern nicht sagen, was man studieren sollte, damit man ein guter YouTuber wird.

Aber wir sind auf einem sehr guten Weg. Eine Studie der Konrad-Adenauer-Stiftung zeigte kürzlich, dass unsere Gesellschaft in ihrem innersten Kern trotz allem immer demokratischer wird. Die *Süddeutsche Zeitung* schreibt: »Der ›Befehlshaushalt‹ als Familienmodell hat endgültig zugunsten des ›Verhandlungshaushaltes‹ abgedankt.« (SZ vom 17.07.2018, »Die alles richtig machen wollen«)[1] Gehorsam und Unterordnung werden nicht mehr als Wert angesehen, Eltern bemühen sich um eine Erziehung auf Augenhöhe. Dabei geraten nicht wenige von uns unter Stress: »Von Eltern wird heutzutage nicht nur psychologische, sondern auch eine umfassende Erziehungskompetenz erwartet«, zitiert die SZ die Analyse der Stiftung. Im Klartext: Wir Eltern sollen uns auskennen in der aktuellen Pädagogik, aber auch alles wissen über richtiges Impfen, Allergien, Ernährung und Nachhaltigkeit – und nebenbei bitte die fünf Euro für den Theaterbesuch der Drittklässler nicht vergessen.

Die Folge ist ein steigendes Gefühl der Überforderung besonders bei Alleinerziehenden und in der klassischen Kleinfamilie. Wir möchten euch hier gerne stärken: Eltern müssen gar nicht so viel. Denn wenn wir ein gutes Fundament haben, können wir uns auch Fehler leisten, Irrwege gehen, in Sackgassen landen und am Ende doch ans Ziel kommen.

Wir haben gesehen, dass wir Kindern durch sichere Bindung, durch Liebe und das Aufwachsen in resilienten Familienstrukturen eigentlich alles mitgeben können, was sie fürs weitere Leben brauchen. Ihr Rucksack für die große Reise ist damit gut und sicher gepackt – und wenn noch etwas fehlt, dann haben sie auch die Fähigkeiten, sich diese oder jene Qualität noch anzueignen. Im Leben ist es ja glücklicherweise nie so, dass von Stund an alles schiefläuft, nur weil man einmal irgendwo eine Fehlentscheidung getroffen hat. Wir können also guter Dinge sein. Wenn ihr nur drei Impulse aus diesem Buch mitnehmt, dann seien es diese:

- Liebe dein Kind – genau so, wie es ist. Die Anerkennung der individuellen Kompetenzen ist eine der wichtigsten Grundlagen für starke Kinder. Und die brauchen wir.
- Vertraue deinem Kind, dass es seinen Weg machen wird – und vertraue damit auch deiner eigenen Elternschaft. Wenn wir Zuversicht ausstrahlen, ist unseren Kindern schon sehr geholfen. Es aktiviert ihre eigenen Kräfte – auch so schicken wir starke Kinder raus in die Welt.
- Vermittle deinem Kind, dass alles gut wird – wir kriegen das hin, obwohl es nicht ohne Arbeit gehen wird. Aber wir sind stark genug, diese zu leisten. Dieses Grundgefühl von Selbstwirksamkeit ist hochansteckend, und das ist gut so. Kinder von solchen Eltern schrecken vor fast nichts zurück – und stellen so immer wieder fest, was sie alles schaffen können.

Unsere Kinder müssen nämlich nicht alles wissen. Sie müssen sich nur zutrauen, es zu versuchen, stark genug sein, um Rückschläge zu verkraften und Strategien haben, wie sie mit schwierigen Themen umgehen. Zuversichtliche Eltern haben stabilere Kinder. Und das ist es, was die wilde Welt da draußen braucht: Starke Kinder!

Dabei spielt es keine Rolle, ob unsere starken Kinder laut oder leise, draufgängerisch oder vorsichtig, schnell oder langsam, verspielt oder ernst sind. Wir brauchen sie alle – jedes hat seinen Platz in der Welt.

Was sie alle brauchen, egal wie laut oder leise sie werden, ist die tiefe innere Sicherheit, dass sie liebenswert sind und dass sie etwas bewirken können. Dieser kleine grünblaue Planet hier am Rande der Milchstraße ist ein gutes, sicheres Zuhause, immer noch. Wir glauben fest daran.

Aber wir sind auch nicht völlig blauäugig: Unsere Kinder werden irgendwann einmal einen Punkt erreichen, der »Wall of Grief« (übersetzt: »Mauer der Trauer«) genannt wird. Es ist die Trauer über das, was verloren ist. Der Schmerz der Erkenntnis, dass wir den Dodo nicht wieder lebendig machen können. Und wir müssen sie gut darin begleiten. Wir sollten ihnen vorher so viel Liebe für diesen Planeten und seine noch erhaltenen Schönheiten, so viel Selbstwirksamkeit und so viel Vertrauen wie möglich gegeben haben. Dann werden sie durch ihre Trauer hindurchgehen und nicht aufgeben, sondern sagen: »So, und jetzt erst recht. Wir machen das Beste draus!«, und dann gehen sie weiter – wie Menschen es seit Jahrtausenden getan haben. Hinaus in die wilde, weite Welt.

danke

NICOLA: Ein Kind loslassen, ein Buch loslassen – immer geht jemand ins Ungewisse und ich bleibe mit schlotternden Knien zurück. Es ist gut, in so einem Moment vertraute Menschen an meiner Seite zu haben. Deshalb danke ich vor allem dir, Julia – mit niemandem schreibe ich so gerne Bücher wie mit dir! Du bist mir immer eine Inspiration, ein ebenbürtiger Thinking-Partner, wir können uneins sein und Einigkeit finden und durch alle Höhen und Tiefen gemeinsam gehen – von »Oh, super Idee!!« über »Verflixt, keine Zeit!« bis zu »Wow, geschafft!!«. Dich in der Cloud zu treffen, verschönt mir seit Jahren jeden Arbeitstag.

Und ich danke meinen Kindern für all die Situationen, in denen ich loslassen gelernt habe. Und dafür, dass ich auch an wirklich trüben Tagen voller Trump-Tweets selbst wieder der wilden Welt vertrauen lerne, wenn ich in eure unternehmungslustigen Augen blicke.

JULIA: Schwester im Geiste, Freundin, Vertraute. Ich liebe es, wie wir uns beim Schreiben befruchten und ergänzen – ich danke dir sehr fürs Dasein, fürs Denken und dafür, dass du mit mir den Blick aufs Ganze teilst. Ich vermisse unsere Morgenmeetings jetzt schon.

Außerdem danke ich meinen Freundinnen in der echten und virtuellen Welt, die schon einen oder mehrere Schritte weiter im Loslassen sind und von denen ich so wahnsinnig viel gelernt habe. Vor allem Maike und Jenny – ohne euren klaren Blick und eure gesunde Perspektive wäre vieles schwieriger gewesen.

Und natürlich geht ein riesengroßer Dank an meine direkte Familie, sogar an Hund und Katze. (Auch, wenn diese Danksagung sie nicht die Bohne interessieren wird, bin ich meiner Katze dankbar dafür, dass sie nichts anderes erlaubt als Loslassen.) Lieber Mann, dir danke ich dafür, dass wir es geschafft haben, tatsächlich eine resiliente Familie zu sein – I love to weather our storms with you. Und Lieblingssohn, dir danke ich für die stille Selbstverständlichkeit, mit der du deinen Weg gehst und dich durch nichts und niemanden davon abbringen lässt – nicht mal durch meine/unsere Ängste. Love you, kiddo. Always.

Wir beide gemeinsam haben auch noch Dank auszusprechen. Julia Amanda Mock hat uns bei der Wissenschaftsrecherche ganz große Dienste geleistet. Anja Grimm hat wieder einmal ein tolles Cover und schönes Layout gestaltet, und Ulrike Ebenritters gründliches Lektorat hat die eine oder andere Falte im Text ausgebügelt und mit der Struktur geholfen.

Last, but not least danken wir dem tollen Team des Beltz Verlags: Carmen Kölz, mit der wir in einem Hotel irgendwo im Nirgendwo die Idee für dieses Buch ausgebrütet haben, und vor allem Tarek Münch für seine wie immer sanfte Beharrlichkeit, klugen Kommentare und seine motivierenden, begeisterten Mails nach den ersten Kapiteln. Es macht Spaß, mit euch und Ihnen allen zu arbeiten.

über die autorinnen

© Petra Arnold

Julia Dibbern (links) und Nicola Schmidt zählen zu den innovativen Erziehungsexpertinnen Deutschlands. Im In- und Ausland geben sie Kurse zu Attachment Parenting und naturnaher Erziehung. Im Artgerecht-Projekt von Nicola Schmidt erproben Eltern und Kinder in der Wildnis Mut und Selbstständigkeit. 2016 veröffentlichten die Autorinnen bei Beltz ihr erfolgreiches Buch *Slow Family. Sieben Zutaten für ein einfaches Leben mit Kindern*. Julia Dibbern lebt mit ihrer Familie in der Nähe von Hamburg und Nicola Schmidt lebt mit ihrer Familie in der Nähe von Bonn.

quellennachweis

BABY, BABY, IT'S A WILD WORLD

1 https://www.brainyquote.com/quotes/richard_bach_136009

KINDER EINER WELT

1 https://www.zeit.de/wissen/gesundheit/2017-02/donald-trump-psychologie-narzisst-diagnose/seite-2
2 https://www.nabu.de/news/2016/01/20033.html
3 https://www.worldvision.de/sites/worldvision.de/files/pdf/World-Vision-Zusammenfassung-vierte-Kinderstudie.pdf
4 Klein, Naomi: *Gegen Trump.* Frankfurt am Main 2018, S. 339
5 https://www.worldvision.de/sites/worldvision.de/files/pdf/World-Vision-Zusammenfassung-vierte-Kinderstudie.pdf
6 Lenz, Karl u.a.: *Dritte Dresdner Kinderstudie 2012. Lebenslagen Dresdner Mädchen und Jungen* (TU Dresden), www.kinderstudie.de, https://tu-dres-den.de/gsw/phil/iso/mik/ressourcen/dateien/forsch/Kinderstudie/3DDKS__Bericht_130426?lang=de, S. 129
7 https://www.welt.de/wirtschaft/article154634416/Wie-der-Sushi-Hunger-den-Thunfisch-vernichtet.html
8 https://www.dw.com/de/der-falsche-glanz-der-seltenen-erden/a-16927526

FAMILIENRESILIENZ

1 Brooks, Robert/Goldstein, Sam: *Das Resilienz-Buch. Wie Eltern ihre Kinder fürs Leben stärken.* Stuttgart 2007, S. 26
2 https://de.wikipedia.org/wiki/Selbstbestimmungstheorie
3 Brooks/Goldstein 2007, S.28
4 Brooks/Goldstein 2007, S. 29
5 Brooks/Goldstein 2007, S 33f.
6 Brooks/Goldstein 2007, S. 37
7 Brooks/Goldstein 2007, S. 38
8 https://www.psychologytoday.com/us/blog/between-cultures/201710/what-makes-families-resilient

9 https://www.psychologytoday.com/us/blog/between-cultures/201710/what-makes-families-resilient (Deutsch von Julia Dibbern)
10 https://www.psychologytoday.com/us/blog/between-cultures/201710/what-makes-families-resilient
11 https://www.psychologytoday.com/us/blog/between-cultures/201710/what-makes-families-resilient

UNSER NORDSTERN: GEMEINSAM, EHRLICH, FAIR

1 Dibbern, Julia/Schmidt, Nicola: *Slow Family. Sieben Zutaten für ein einfaches Leben mit Kindern*. Weinheim 2016
2 Spiewak, Martin: Was nicht in der Zeitung steht, in: DIE ZEIT, 27.09.2018
3 https://www.apa.org/news/press/releases/2017/08/lonely-die.aspx
4 https://www.splendid-research.com/de/studie-einsamkeit.html
5 Bartens, Werner: *Was Paare zusammenhält. Warum man sich riechen können muss und Sex überschätzt wird.* München 2013, S. 204
6 https://www.medienanstalt-nrw.de/fileadmin/user_upload/lfm-nrw/Service/Veranstaltungen_und_Preise/Tagungen_und_Praesentationen/Alwayson/Dokumente/Band-77_Mediatisierung-mobil_Zusammenfassung.pdf
7 Delfos, Martine: *»Sag mir mal …« Gesprächsführung mit Kindern.* Weinheim 2011, S. 15f.
8 www.kloetersbriefe.de
9 Juul, Jesper: *Essen kommen. Familientisch – Familienglück*. Weinheim 2017, S. 68
10 Delfos 2011, S. 16
11 Delfos 2011, S. 16

SIEBEN SACHEN

1 Lindgren, Astrid: *Ronja Räubertochter.* Hamburg 1982, S.140f.
2 https://www.ksta.de/ratgeber/gesundheit/interview-warum-vertrauen-so-wichtig-ist-4029530
3 Dibbern, Julia: *Geborgenheit. Wie Kinder sie spüren und Eltern sie geben können.* Weinheim 2014, S. 56

4 https://www.mdr.de/brisant/ruegen-kinder-in-restaurant-abends-verboten-100.html
5 Spiewak 2018
6 Schmidt, Nicola: *Mut. Wie Kinder über sich hinauswachsen.* Weinheim 2014, S. 12
7 Nach Ellen Sandseter, Professorin an der Queen-Maud-Universität in Trondheim, Norwegen
8 https://lib.dr.iastate.edu/cgi/viewcontent.cgi?article=11780&context=rtd
9 https://www.dailytelegraph.com.au/rendezview/should-kids-be-allowed-to-play-with-toy-guns/news-story/220f95a8090b3a8341acf69ccfab6686
10 Originalausgabe: *The Continuum Concept. In Search of Happiness Lost* (London 1975)
11 http://www.spiegel.de/gesundheit/psychologie/gluecklich-sein-die-sechs-saeulen-des-gluecks-a-1030245.html
12 http://livingmeanings.com/six-criteria-well-ryffs-multidimensional-model/ (Übersetzung: Julia Dibbern)
13 https://en.wikipedia.org/wiki/Six-factor_Model_of_Psychological_Well-being
14 Siehe auch: Seifert, T.A.: »The Ryff scales of psychological well-being. Assessment Notes« (2005)
15 https://diepresse.com/home/science/forschungsfrage/4919825/Warum-ist-Lachen-ansteckend
16 https://www.welt.de/wissenschaft/article876622/Warum-Lachen-gesund-und-gluecklich-macht.html
17 https://www.deutschlandfunk.de/studie-lachen-verraet-wie-nahe-menschen-sich-stehen.676.de.html?dram:article_id=351079

WILD KIDS

1 Dibbern, Julia: *Die Tyrannenlüge. Warum unsere Kinder genau das sind, was die Welt von morgen braucht.* München 2018
2 Hunt, Jan: *Mensch Kind. Kleine Personen – große Gefühle*. Tologo 2010
3 Brooks/Goldstein 2007, S. 242
4 Brooks/Goldstein 2007, S. 242
5 Largo, zitiert nach: Bartens, S. 83
6 Süddeutsche Zeitung, 11.03.18,

https://www.sueddeutsche.de/bildung/digitale-medien-bildschirme-sind-die-grauen-herren-der-kindheit-1.3897237
7 http://www.br-online.de/jugend/izi/deutsch/Grunddaten_Kinder_u_Medien.pdf
8 KIM-Studie 2016, S. 15
9 Kinder-Medien-Studie 2018, S. 48
10 https://www.digitalisierung-bildung.de/2017/07/06/mediennutzung-von-kindern-im-fokus-der-forschung/
11 Schlack 2007, S. 159
12 Neuß, Norbert/Schill, Wolfgang: *Anregung statt Aufregung. Neue Wege zur Förderung von Medienkompetenz in Familien.* Bundeszentrale für gesundheitliche Aufklärung 2012, https://www.gmk-net.de/wp-content/t3archiv/fileadmin/pdf/anregung_statt_aufregung.pdf, S. 17
13 KIM-Studie 2016, S. 63
14 Neuß/Schill 2012, S. 6
15 AGF in Zusammenarbeit mit GfK, TV Scope (vor 2009 pc#tv); Fernsehpanel (D+EU) ab 1.1.2005, in: Media Perspektiven Basisdaten 2015, S. 70
16 Dornes, Martin: *Die Modernisierung der Seele. Kind – Familie – Gesellschaft.* Frankfurt am Main 2012, S. 39
17 Dibbern 2018
18 Deutsche Bahn/Stiftung Lesen/Die Zeit: Vorlesestudie 2015, S. 13, S. 18

WILD PARENTS

1 Weber, Andreas: *Mehr Matsch! Kinder brauchen Natur*. Berlin 2011, S. 126
2 https://www.geo.de/natur/oekologie/11941-bstr-kinder-raus-die-natur
3 Mehr dazu in: Schmidt, Nicola: *Geschwister als Team. Ideen für eine starke Familie.* München 2018
4 Oser, Fritz/Spychiger, Maria: *Lernen ist schmerzhaft: Zur Theorie des Negativen Wissens und zur Praxis der Fehlerkultur*. Weinheim 2005
5 https://www.schulz-von-thun.de/die-modelle/das-kommunikationsquadrat
6 https://www.schulz-von-thun.de/modelle/das-teufelskreis-modell

7 https://www.welt.de/gesundheit/psychologie/article114871161/Was-falsches-Lob-bei-Kindern-anrichten-kann.html

WILD WORLD

1 Heinberg, Richard: *Peak Everything: Waking Up to the Century of Declines.* Gabriola Island 2007
2 https://edition.cnn.com/2018/10/08/health/climate-change-mental-health-study/
3 https://www.br.de/nachrichten/bayern/12-jaehriger-spendet-haare-fuer-krebskranke-kinder,R5yGdFS
4 https://www.gofeminin.de/wohnen/cocooning-trend-s2084741.html
5 https://www.zukunftsinstitut.de/artikel/lebensstile/social-cocooning-die-neue-heimeligkeit/
6 https://enorm-magazin.de/gruen-denken-anders-handeln
7 https://www.geo.de/natur/oekologie/11941-bstr-kinder-raus-die-natur
8 http://theattachedfamily.com/membersonly/?article=talking-to-our-children-about-world-tragedies
9 African infant precocity, https://onlinelibrary.wiley.com/doi/abs/10.1111/j.1469-8749.1976.tb04202.x

RAISING GLOBAL CHILDREN

1 https://www.sueddeutsche.de/leben/kindererziehung-die-alles-richtig-machen-wollen-1.4057044